KB267139

콩콩, 톡톡 튀는

봄 여름 가을 겨울 일기

콩콩, 톡톡 튀는
봄 여름 가을 겨울 일기

1판 1쇄 발행　2014년 7월 30일

저자 | 이고은
감수 | 강승임
그림 | 이은주
만화 | 조유리
디자인 | 디박스

펴낸이 | 이연화
펴낸곳 | 아주큰선물
주소 | 서울시 용산구 이촌동 한가람 Ⓐ 214-1002
대표전화 | 02-796-7411
대표팩스 | 02-796-7412
등록 | 106-09-23890

새로 개정된 **통합** 교과 1~2학년군

콩콩, 톡톡 튀는
봄·여름 가을·겨울 일기

글 **이고은** | 감수 **강승임**

아주큰선물

머리말

‘톡톡 튀는 다른 소재와 표현’에 실린 일기는 새로 **개정된 통합 교과 1~2학년군(봄 –나, 여름–가족, 가을–이웃, 겨울–우리나라)**을 처음 배운 학생들이 직접 쓴 일기입니다. 교과 시간에 무엇을 배웠는지, 수업 진행은 어떻게 되는지, 활동은 어떻게 하는지 등을 엿볼 수 있어요.

아이들의 학교생활은 즐겁기만 합니다. 친구들과의 재잘거림, 운동장에서 맘껏 뛰어놀기, 새로운 것에 대해 알아가는 다양한 공부조차 흥미롭지요. 그런데 딱 한 가지, 고민을 안겨주는 걱정거리가 있어요. 무엇일까요? 바로 일기예요. 매일 쓸 얘기도 없고 특별한 것도 없는데 선생님들은 꼭꼭 숙제로 내주시거든요. 정작 쓰는 시간은 짧지만 쓰기 전에 어떤 일을 써야 할지, 어떤 주제로 어떻게 써야 할지 고민하는 시간이 아주 길지요. 그래서 포기하고 싶어요. 하지만 이때 고민하는 시간은 사고를 넓히고, 집중력을 기르는 시간이에요. 그래야 글 쓰는 단계로 자연스럽게 이어지거든요.

이렇게 중요한 일기를 어떻게 하면 잘 쓸 수 있을까요? 정답은 일기 쓰기를 어렵지 않게 생각하는 거예요. 일단 보고, 듣고, 경험한 것을 시간 순서에 맞게 써 봐요. 1, 2학년 때는 길게 쓰는 것이 그리 중요하지 않아요. 생각을 모으는 부루퉁 아저씨처럼 되어 보는 거예요. 그리고 동화처럼 재미있게 자기 이야기를 써 나가요. 그러면 하루하루 일기가 차곡차곡 쌓여 나의 빛나는 역사가 되고 감동적인 동화가 되겠죠?

자, 이제부터 어렵지 않게 일기 쓰는 비법을 알려드릴게요. 친구들이 어떤 글감으로 일기를 썼는지 눈여겨보면 일기를 잘 쓸 수 있을 거예요.

2014년 7월에
이고은

강승임 선생님의 추천글

"내 일기의 주인공은 바로 나!"

일기는 누가 쓰나요? 바로 내가 쓰지요! 그래서 일기의 주인공은 바로 나랍니다! 이 책을 읽으면서 이 점을 다시 한 번 마음속 깊이 새기게 되었어요. 여러분도 이 사실을 깨닫게 되면 일기 쓰는 일이 훨씬 즐거울 거예요. 동화나 영화 대본을 쓰는 것처럼 말이에요.

동화를 읽어도 영화를 보아도 주인공이 있지요? 대체로 예쁘고 멋있고 재주도 많은 팔방미인들이에요. 그래서 많은 사람들이 부러워하고 그들처럼 되고 싶어 해요. 하지만 가만히 생각해 보세요. 우리도 우리 삶의 주인공이에요! 우리도 동화와 영화 속 주인공들처럼 나름 예쁘고 멋있고 재주가 있지요. 또 매일 매일 나만이 겪을 수 있는 오직 하나뿐인 경험을 해요. 이런 걸 일기에 쓰는 거예요.

게다가 우리나라는 사계절이 있잖아요. 그래서 계절마다 얼마나 다채로운 일들이 가득 일어나는지 몰라요. 그래도 아직 무얼 어떻게 써야 하는지 잘 모르겠다면 이 책을 펼쳐 보세요. 그럼 무릎을 '탁' 치면서 고개를 끄덕일 거예요.

이 책에 나온 일기들을 읽다 보면 자연스레 공부도 된답니다. 봄과 나, 여름과 가족, 가을과 이웃, 겨울과 우리나라에 대한 일기들이 가득 실려 있거든요. 이 책으로 즐겁게 읽고, 쓰고, 공부할 수 있어요.

또래 친구들이 쓴 일기도 많이 실려 있어서 자신감도 쑥쑥 자랄 거예요. 친구들이 쓴 일기는 생각보다 어렵지도 않고 간단하거든요. 이제 한번 시작해 봐요!

강승임

차례

머리말

강승임 선생님의 추천 글

사계절 일기 쓰는 네 가지 비법

가을

겨울

사계절
일기 쓰는
네 가지 기법

일기를 잘 쓰고 싶지요? 또 힘들이지 않고 쉽게 쓰고 싶을 거예요.

그럼 친구들의 일기를 읽기 전에 일기 쓰는 방법부터 읽어 보세요.

날씨 표현, 쓰는 순서, 여러 가지 형식을 배울 수 있을 거예요.

잘 쓴 일기는 어떤 건가요?

일기란 오늘하루 나에게 일어난 일을 솔직하게 기록하는 글이에요. 역사 기록장 같은 거지요. 하루하루가 쌓여 긴 역사가 되니까요.

그럼, 어떻게 써야 할까요? 사실대로 정성스럽게 꾸밈없이 써야 해요. 글씨도 또박또박 예쁘게 써야 하고요. 그래서 일기를 잘 쓰려면 많이 보고, 많이 듣고, 많이 겪고, 많이 읽고, 많이 생각해야 합니다.

다음과 같은 일기가 잘 쓴 일기예요!

- 어떤 글감으로 쓸지 고민한 흔적이 있어야 해요!
- 날짜와 요일은 정확하게 써야 해요!
- 날씨는 맑음, 바람 이렇게 표현하지 말고, 계절의 맛을 살려 표현해요!
- 제목은 글감에 생각과 느낌을 보태어 창의적으로 표현해요!
  예를 들어, '새학기'보다 '두근두근, 새학기'로 표현해요.
- 언제, 어디에서, 무슨 일이 있었는지 한 가지 일을 자세히 써야 해요!
- 반성, 느낀 점, 앞으로의 계획과 다짐 등을 써야 해요!

2 날씨는 어떻게 표현해요?

날씨는 심심하고 간단하게 쓰기보다 여러 가지 생생한 표현을 넣어 적어 보세요. 계절에 따라 어떤 날씨 표현이 있는지 알아보아요.

봄 날씨, 어떻게 표현해요?

- ★ 바람 한 스푼 햇빛 반 스푼
- ★ 햇살은 따사로운데 봄바람은 이렇게 매서울 줄이야~
- ★ 사뿐사뿐 땅위를 걸어가는 햇빛
- ★ 회색빛 하늘이다가 비가 오락가락
- ★ 포근한 햇살아, 이제 그만 벚꽃을 피워주렴
- ★ 파란 하늘이 미소지은 날
- ★ 새싹이 쏘옥 얼굴을 내밀었네
- ★ 햇님은 활짝 웃고 바람은 그 소리에 맞춰 부드럽게 춤을 추네

★ 봄비가 주룩주룩 내려 우리 마을을 적셔 주었네

★ 싱그러운 봄햇살에 싱긋 웃는 꽃망울

★ 봄바람이 이렇게 매서울 줄이야

★ 하얀 목련꽃과 노란 개나리꽃이 활짝 피었네

★ 따사로운 햇살 봄꽃은 만발

★ 하얀 벚꽃이 한가득

★ 봄비가 내려 꽃과 나무가 좋다 하네

★ 날씨는 변덕쟁이

★ 해님과 구름이 숨바꼭질하네

★ 봄봄봄, 봄이 왔어요

★ 봄햇살이 스르륵 창문을 열고 들어오네

★ 여름은 성큼성큼, 봄은 뒤로뒤로

★ 봄을 시샘하는 꽃샘추위

★ 정신없는 오락가락 봄비

★ 바람 불어 벚꽃 흩날리는 날

여름 날씨, 어떻게 표현해요?

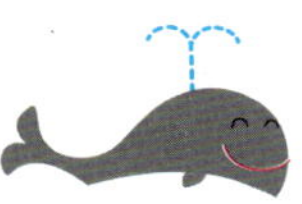

★ 화산 폭발이 일어난 날

★ 여름비가 오니 시원하네

★ 햇볕은 쨍쨍 모래알은 반짝

★ 아이스크림이 줄줄 흘러내렸네

★ 아이스크림이 1초 만에 녹아내림

★ 아이스크림을 두 개 먹어도 모자라~

★ 팥빙수가 시원할 날

★ 뜨거운 용암이 흘러넘친 날

★ 오락가락, 비가 왔다가 말았다가

★ 장맛비 주룩주룩

★ 뜨끈뜨끈, 가마솥 더위

★ 하늘이 회색물감으로 범벅됨

★ 후두둑, 드디어 장마다!!

★ 장맛비! 이제 제발 가주렴

★ 빗방울 톡톡, 바람 씽씽

★ 엇, 해님이 안 보여~

★ 웅덩이의 빗방울이 톡톡

★ 숨이 헥헥 막힐 정도로 더운 날

★ 솜사탕 구름만 둥실둥실

★ 마른 하늘에 날벼락치듯 비가 온 날

★ 먹구름만 서성인 날

★ 햇빛 쨍쨍한 하루

★ 화산이 폭발했다!

★ 가만히 있어도 축축해

가을 날씨, 어떻게 표현해요?

★ 바람이 솔솔 불어온 날
★ 해님이 얼굴을 살짝 내민 날
★ 파란 하늘이 높아만 가네
★ 쌀쌀한 날씨에 은행잎이 서리 맞았네
★ 흠~ 덥긴 하지만 뭐 괜찮네
★ 바람 세 스푼 햇빛 두 스푼
★ 바람아, 너무 세잖아~
★ 아침 바람 쌩쌩, 점심 해님 방긋
★ 비야, 제발 오지 마!
★ 가을인 줄 알았는데 햇볕이 뜨거워!
★ 예쁜 구름이 두둥실
★ 해님처럼 웃다가 바람처럼 화낸 날
★ 추워서 이불 속에서 나오기 싫은 날
★ 아침에 점퍼를 입고 점심에는 벗은 날
★ 아침에는 쌀쌀, 점심에는 쨍쨍
★ 햇볕이 쨍 드는 날
★ 아침에는 겨울날, 낮에는 가을날
★ 바람은 솔솔 불고 햇살은 따스한 날
★ 바람에 은행잎이 살랑살랑 흔들리네
★ 구름이 비와 바람을 한꺼번에 데려옴

겨울 날씨, 어떻게 표현해요?

★ 나뭇잎이 모두 떨어짐

★ 바람아, 너무 차가워~

★ 코끝이 얼어버릴 것 같아~

★ 나뭇잎이 거추장스러운지 옷을 벗은 날

★ 눈이 펑펑 와서 온 거리가 스케이트장으로 변신한 날

★ 하얀 솜을 자꾸자꾸 뿌려주네

★ 눈, 널 손꼽아 기다려~

★ 눈 펑펑, 스키는 쌩쌩

★ 길쭉길쭉 고드름 열렸네~

★ 찬바람이 옷깃을 여미게 한 날

★ 햇님아, 좀 더 가까이 오렴

★ 뭉게구름이 예쁜 날

★ 겨울비 후두두둑 똥강똥강 떨어진 날

★ 소복소복 쌓인 눈

★ 칼바람이 쌔앵 쌔앵~

★ 장갑, 마스크, 모자다 모여라~

★ 칼바람에 내 코가 루돌프 사슴코 된 날

★ 기온이 영하로 뚝 떨어져서 꽁꽁~

★ 털모자가 필요해~

★ 아이 추워라, 핫팩이 그리워~

★ 휘잉 휘잉 눈아 쏟아져라~

★ 춥고 바람이 쌩쌩 부는 날

★ 구름이 많아서 어두운 날

★ 옷을 몇 겹 입었는지 몰라~

3 내용을 쓰는 방법은 여러 가지예요!

글감도 정했고, 날씨 표현도 다 썼는데 어떻게 내용을 적어야 할지 모르겠다고요? 그럼 일어난 일을 순서대로 써 보거나 다섯 가지 감각을 이용해서 써 보세요. 그 다음 마지막 부분에 느낀 점과 반성할 점을 쓰면 돼요.

순서대로 쓰는 방법

시간 순서	아침에 학교 갔고→1교시 시험을 봤고 → 점심 급식을 먹고 → 태권도장에 갔다.
장소를 이동한 순서	집 앞에서 친구를 만나고 →학원에 갔다가 → 놀이터에서 놀았다.
일이 일어난 순서	여행을 갔는데 → 물에 빠져 허우적대고 → 밤에는 별을 구경했다.

다섯 가지 감각을 이용하여 쓰는 방법

눈	놀이터에서 우연히 친구를 보았다.
귀	그림을 잘 그린다고 칭찬을 들었다.
입	매콤달콤한 떡볶이를 먹었다.
코	냉장고를 열었더니 김치 국물 냄새가 났다.
피부	아빠 턱은 까칠까칠하다.

느낀 점과 반성할 점 쓰는 방법

느낀 점	김연아 선수는 정말 대단하다.
생각한 점	김연아 선수를 보고 열심히 노력하면 안 되는 게 없다는 생각을 했다.
반성할 점	김연아 선수를 보니 할 일을 제때 안 하고 매일 미루는 내가 조금 부끄러웠다.
다짐	앞으로 나도 김연아 선수처럼 꿈을 이루기 위해 열심히 노력해야겠다.
앞으로의 계획	매일 1시간씩 줄넘기를 하고, 책을 읽을 것이다.

4 여러 가지 종류의 일기가 있어요!

일기는 하루생활만 써야 하는 건 아니에요. 주제에 따라 형식에 따라 다양한 종류의 일기가 있답니다.

주제별·형식별 일기~

생활 일기	논술 일기	효도 일기	요리 일기
하루 동안 일어난 일 중에서 가장 기억에 남는 일 쓰기	한 가지 주제를 정한 뒤 주장과 근거를 들어 논리적으로 쓰기	안마해 드리기, 심부름하기 등 부모님께 효도한 일 쓰기	요리나 음식과 관련된 일 쓰기

동시 일기	편지 일기	상상 일기	대화 일기
풍경, 사물 등을 소재로 동시 지어 보기	일기장이나 상상 속 친구에게 말하는 것처럼 편지로 쓰기	현실에서는 일어나지 않은 일을 가상으로 상상하여 쓰기	줄글로 쓰지 않고 상대방과 대화한 내용을 대화체로 쓰기

그림 일기

주제에 맞는 그림을 그리고 간단히 내용 쓰기

만화 일기

재미있는 일을 4컷이나 6컷 정도의 만화로 표현하기

마인드 맵 일기

하나의 중심 주제를 가운데 그리고 여러 가지 관련된 내용 쓰기

체험 일기

치즈 만들기, 갯벌 체험, 직업 체험 등 직접 경험한 일 쓰기

기행 일기

여행지에서 있었던 일을 중심으로 감상과 함께 쓰기

견학 일기

박물관, 유적지, 전시회 등을 다녀와서 알게 된 점과 감상 쓰기

조사 일기

한 가지 주제에 대해 사전이나 인터넷 등에서 조사하여 쓰기

관찰 일기

동물, 식물 등을 자세하게 관찰한 뒤 알게 된 점과 느낀 점 쓰기

정리하고 익히는 학습 일기~

영어 일기

문장을 전부 영어로 쓰거나 영어 단어를 섞어서 쓰기

한자 일기

어휘를 한자로 직접 쓰거나 어떤 한자를 공부하는지 쓰기

NIE 일기

신문기사를 요약하거나 어려운 낱말을 찾아 정리하고 생각 쓰기

독서 일기

책을 읽고 주인공에게 편지를 쓰거나 느낀 점 쓰기

영화 일기

감동적인 장면이나 주인공의 특징 등을 감상과 함께 쓰기

학습 일기

학교에서 배운 내용 중심으로 쓰기

한 땀 한 땀
새롭게 시작해 볼까?

새싹은
파릇파릇

새 학년에 만나는
새 친구들

진달래와 개나리가
알록달록

새들도 아이들도 재잘대는
봄 봄 봄

봄

봄

새 학년이 되어

새 학년 첫 날이에요. 누구랑 같은 반이 되었나요?
첫 날 무슨 일이 있었고, 앞으로 어떻게 생활할지 다짐을 써 보세요.

콩콩 쓰는 오늘 일기

① 날짜와 날씨를 써요.

· 날짜 : 3월 3일   · 날씨 : 너무너무 추워~

· 제목 : 새 학년 헌 짝꿍

② 제목을 써요.

　　오늘부터 2학년이다. 교실도 바뀌고 선생님도 바뀌고 친구들도 다 바뀌어서 조금 기분이 이상했다. 참, 1학년 때 친구인 서연이, 건우, 영진이는 그대로다. 우리는 다시 같은 반이 되었기 때문이다.

③ 새 학년 첫 날에 있었던 일을 써요.

　　그런데 정말 신기한 일이 일어났다. 짝꿍을 정했는데 1학년 때 첫 짝꿍이었던 건우랑 또 된 것이다. 새 학년이 되었는데 헌 짝꿍이라니! 하지만 기분이 나쁘지는 않다. 건우는 친절하고 재미있기 때문이다. 키 번호 3번, 출석번호 52번! 하지만 다음번엔 꼭 새 짝꿍이랑 앉았으면 좋겠다. 2학년이 되었으니까 1학년 때보다 책이 더 어려워졌을 것 같다. 예습도 하고 꼬박꼬박 복습도 해야겠다.

④ 새 학년을 어떻게 보낼지 다짐을 써요.

　　친구들과도 사이좋게 지내고, 선생님 말씀도 잘 듣고, 놀이터에서도 신나게 놀 것이다. 참, 컴퓨터 타자 연습도 열심히 해야지!

새 담임선생님과 새 친구들을 만나 보았나요? 모두 인상이 어떤가요?
마음에 든 점과 궁금한 점, 앞으로 어떻게 지내고 싶은지 등을 써 보세요.

새 담임선생님, 잘 부탁합니다!

두구두구두구두! 2학년 첫날, 교실 문이 드르륵 열리고 드디어 담임선생님께서 '짠' 하고 나타나셨다. 나는 눈을 최대한 동그랗게 뜨고 선생님 얼굴을 뚫어지게 쳐다 보았다. 그러다 선생님이랑 눈이 딱 마주쳤다. 선생님은 웃고 계셨다. 나도 웃음이 났다. 아주 친절하고 재미있는 분 같았다. 선생님이랑 잘 지내고 싶다. 선생님! 저랑 우리 반 잘 부탁합니다. 공부도 잘 가르쳐 주시고 재미있는 이야기도 많이 들려주세요! 그리고 체육도 많이 많이 시켜 주세요!

새 친구 민정이

개학하자마자 새 친구를 사귀었다. 이름은 강민정이다. 어떻게 처음 보자마자 친구가 되었는지 잘 모르겠다. 그냥 민정이가 먼저 "안녕?"하고 인사를 해서 나도 "안녕?"하고 대답을 하니까 친구가 되었다.

쉬는 시간에 민정이가 내 자리로 와서 이야기를 나누었다. 민정이한테 필통도 보여 주고 수첩도 보여 주었다. 그 다음 쉬는 시간에는 내가 민정이 자리로 갔다. 우리는 왔다 갔다 하면서 금방 친해졌다. 민정이는 웃기고 내 말도 잘 들어주었다. 나는 민정이랑 베스트 프렌드가 되고 싶다.

변덕쟁이 봄 날씨

봄이 되면 마냥 따뜻할 것 같은데 안 그래요. 어느 날은 쌀쌀하고 어느 날은 황사가 오고, 어느 날은 오락가락 비가 내리지요. 변덕쟁이 봄 날씨에 대해 써 보세요.

콩콩 쓰는 오늘 일기

① 날짜와 날씨를 써요.

- 날짜 : 3월 10일 화요일 · 날씨 : 봄 햇살아, 힘내서 벗꽃을 피워 주렴

- 제목 : 가족과 함께 하는 소운동회 

② 제목을 써요.

　저녁을 먹고 우리 가족 모두 공원으로 산책을 갔다. 찬바람이 휭휭 불었다. "봄인데 왜 이렇게 추운 거야?" 오빠가 축구공을 차며 툴툴거렸다. "맞아. 아침엔 춥고 점심 땐 잠깐 따뜻한 척하다가 저녁되면 또 엄청 추워." 나도 오빠 말에 맞장구를 치며 툴툴거렸다. 그러자 엄마가 이렇게 말씀하셨다. "원래 우리나라 봄 날씨는 오락가락해. 겨울의 찬 기운이 빠져나가려면 시간이 걸리거든. 이제 곧 봄인가 싶으면 더워질 거야."

③ 봄 날씨를 직접 겪은 일을 써요.

　오빠랑 나랑 아빠는 '아~!'하면서 고개를 끄덕였다. 나는 봄 날씨가 얼른 따사롭고 포근해졌으면 좋겠다. 찬 기운을 몰아 내서 꽃을 많이 많이 피웠으면! 특히 벗꽃이 활짝 핀 공원을 빨리 보고 싶다.

④ 봄 날씨에 바라는 점을 써요.

봄 날씨 중에서 황사는 정말 피하고 싶어요. 황사에 대해서도 써 보고,
변덕스런 봄 날씨에도 끄떡없는 자연에 대한 감상도 써 보세요.

황사야, 우리나라로 오지 마!

정말 억울한 일이 있다. 오늘 황사가 심해서 학원에 안 갔는데, 알고 보니 황사는 우리나라에서 만들어진 먼지가 아니었다. 바로 중국에서 만들어진 먼지였다! 그런데 봄에 바람이 중국에서 우리나라로 부니까 그 먼지들이 우리나라로 오는 것이었다.

진짜 억울한 일이다. 우리 먼지라면 우리가 자연을 깨끗하게 해서 다 없앨 수 있는데, 중국 먼지니까 어떻게 할 수가 없다. 우리나라에 선풍기를 엄청 많이 틀어서 다시 돌려보낼까? 그럼 중국 사람들도 고생을 하겠지. 해결 방법은 처음부터 아예 황사를 만들지 않는 것이다.

새싹이 변신하네

새싹이 변신을 하네
아직 찬바람이 불어도
자꾸 황사가 와도.

무엇으로 변신할까
무엇으로 변신할까
꽃으로 변신할까?
열매로 변신할까?

쉿!
이제 곧 모습을 바꿀 거야!

봄

가족과 함께 해요

학교생활에 적응하기까지 가족들이 나를 많이 챙겨줘요. 특히 엄마, 아빠의 보살핌을 많이 받지요.
부모님과 있었던 일을 써 보세요.

콩콩 쓰는 오늘 일기

❶
날짜와 날씨를
써요.

- 날짜 : 3월 14일 · 날씨 : 봄비가 온다더니 한 방울도 안 내림
- 제목 : 화이트데이, 우리 아빠가 최고~

❷
제목을 써요.

　화이트데이는 남자가 여자에게 사탕을 주는 날이다. 오늘이
바로 그날이다. 그런데 나는 사탕을 하나도 받지 못했다. 아직 나
를 좋아하는 친구가 없는 걸까? 나는 마음이 조금 그랬다. 하지만
저녁에 속상함이 싹 사라졌다. 아빠가 아주 예쁜 쿠션 사탕 봉지를
쓱 내미셨기 때문이다. 나는 입이 함지박만큼 벌어졌다.

　"내 거는?"

❸
엄마나 아빠와
있었던 기억에
남는 경험을
써요.

　엄마가 손을 내밀자 아빠는 엄마한테도 사탕 봉지를 드렸다.
하지만 내 거보다 작고 조금 볼품이 없었다. 엄마가 입을 비죽거리
시면서 내 거를 탐내셨지만 나는 절대 뺏기지 않았다. 아무한테
도 안 주고 두고두고 천천히 먹을 거다.

❹
부모님께
바라는 점이나
나의 다짐을
써요.

　내년에도 아빠가 사탕을 꼭 주셨으면 좋겠다. 그 전에 나는 발
렌타인데이가 되면 아빠한테 예쁜 초콜릿을 드려야지!

따사로운 봄날은 여기저기 나다니기에 안성맞춤이에요.
가족 나들이를 가거나 친척집을 방문해 겪은 일을 써 보세요.

청계산으로 가족 나들이 가요~

할아버지, 아빠와 함께 청계산에 갔다. 가족 봄나들이다. 하지만 나들이 같지가 않았다. 꽤 힘들었기 때문이다. 아무리 가도 정상이 나오지 않았다. 나는 할아버지처럼 지팡이를 짚고 올랐다.

"아이고, 힘들어라. 아이고, 힘들어라. 더 이상 못 올라가겠다~"

내려올 때도 힘들긴 마찬가지였다.

"으악, 이게 뭐야~"

몇 번을 넘어질 뻔했다. 앞구르기를 할 것처럼 고꾸라질 뻔했다. 봄나들이를 두 번 했다가는 진짜 힘이 다 빠져 버릴 것 같았다. 하지만 이상하게 기분은 좋았다. 봄기운을 흠뻑 느껴서 그런가 보다.

오빠는 벌레잡기 도사

일요일이라서 할머니 댁에 갔다. 봄에는 시골에 할 일이 많기 때문이다. 나랑 오빠는 잡초도 뽑고 애벌레도 잡고 꿈틀꿈틀 지렁이도 잡았다. 잡초를 뽑고 있는데 지렁이가 갑자기 나왔다. "으악, 지렁이다!"

오빠가 얼른 지렁이를 잡아서 병속에 담았다. 또 잡초를 뽑고 있었는데 이번에는 애벌레가 나왔다. 애벌레도 같은 방법으로 잡았다. 오빠는 꼭 벌레잡기 도사 같았다.

다음에는 내가 직접 애벌레를 90마리 잡아서 앵무새한테 갖다 줘야겠다. 앵무새야, 기대해 봐! 맛있는 애벌레 많이 갖다 줄게.

봄

학교에서의 활동

학교에서 하는 활동 중에 어떤 일이 기억에 남나요?
학교에서 하는 여러 가지 일들 중에 한 가지를 써 보세요.

① 날짜와 날씨를 써요.

- 날짜 : 3월 18일 · 날씨 : 바람이 살랑살랑 부는 날!

- 제목 : 헉헉, 아침 달리기

② 제목을 써요.

　　이른 아침부터 운동장을 열심히 뛰었다. 흥얼흥얼 콧노래를 부르며 뛰는데, 서정화 선생님이 같이 뛰자고 하셨다. 더 열심히 뛰었다. 다른 때는 별로 운동이 되지 않았는데 선생님이랑 같이 달리기를 하니까 진짜 운동이 되는 것 같았다. 힘들어도 선생님을 따라 죽을 힘을 다해 뛰었다. 땀이 삐질삐질 났다. 선생님께서는 아는 언니들이나 오빠를 만나면 "소영이는 여덟 바퀴째야."라며 칭찬을 하셨다. 교장선생님한테도 10바퀴나 뛰었다고 말하자 "소영이는 원래 똑순이야. 매일 와서 열심히 뛰어!"라고 말해 주셨다. 부끄럽기도 하고 하늘에 부웅 뜨는 것 같았다.

③ 학교에서 하는 다양한 활동 중에 한 가지를 써요.

　　운동을 하니까 좋은 점이 한두 가지가 아니다. 칭찬도 듣고 튼튼해지니까 말이다. 내일도 모레도 열심히 달려서 매일매일 기분 좋게 하루를 시작해야겠다.

④ 그 활동을 하고 나서의 느낌이나 앞으로의 다짐을 써요.

**수업 시간에는 무엇을 배우고 어떤 활동을 하나요? 지루한 수업도 있지만
재미있고 보람을 느낀 수업도 있을 거예요. 그 일을 써 보세요.**

신나는 병원놀이

　2교시 '나' 시간에 신나는 병원놀이를 하였다. 시작하기 전에 제비뽑기를 하였다. 난 소아청소년과 간호사를 뽑았다. 그때 기분은 조금 망설여졌다. 그 이유는 치과의사를 하고 싶었기 때문이다. 소아과 의사는 혜인이다. 병원놀이가 시작되자 손님이 몰려들었다. 첫 번째 병원놀이가 끝나고 두 번째 병원놀이가 시작되었다. 먼저 소아과에 가서 머리를 진료 받고, 치과에 가서 이가 흔들린다고 했다. 안과에 가서는 눈을 치료받았다. 병원놀이가 정말 재미있어서 내일도 또 하면 좋겠다.

지구의 환경을 위해서 우리가 할 수 있는 일

　수업 시간에 지구의 환경에 대해서 배웠다. 지구가 자꾸 몸살에 걸린다고 한다. 왜냐하면 사람들이 지구를 너무나 많이 괴롭히기 때문이다.

지구의 환경을 위해서 우리가 할 수 있는 일은 무엇이 있을까?

　첫째, 바닥에 담배꽁초 같은 것을 버리지 않아야 한다.

　둘째, 재활용을 해야 한다.

　셋째, 산에서 불장난을 하지 않는다.

　넷째, 전쟁을 하지 않는다.

　다섯째, 물을 아껴 쓴다.

　여섯째, 가까운 거리는 걸어다닌다.

　이 중에서 나는 물을 아껴 쓰는 일을 꼭 실천할 거다.

과학의 날 행사

4월은 과학의 달이에요. 그래서 과학과 관련하여 여러 가지 행사를 하지요.
그 중 상상화 그리기 대회나 발명 대회에 대해 써 보세요.

콩콩 쓰는 오늘 일기

① 날짜와 날씨를 써요.

② 제목을 써요.

③ 과학의 날을 맞아 어떤 활동을 했는지 써요.

④ 그 활동을 끝낸 후 느낀 점이나 반성할 점을 써요.

· 날짜 : 4월 7일   · 날씨 : 이 비가 방사선 비일까? 두려운 날

· 제목 : 과학 상상화 그리기

　　과학 상상화를 그렸다. '바다 여행 기차'를 주제로 그렸다. 육지의 땅이 오염이 돼서 미래의 바다 농장을 그렸다. 바다 여행 기차에 타고 있는 사람은 네 명이다. 남자 아이는 바닷속 풍경을 보고 깜짝 놀란 표정으로 그렸다. 머리를 두 갈래로 묶은 여자 아이도 바닷속 풍경을 보고 같이 놀란다. 금발머리인 여자 아이는 위에 문어가 있는 것을 보고 징그러워하는 모습을 그렸다.

　　바다 농장에는 해마, 미역, 조개를 심었다. 바닷속이니까 돌로 울타리를 만들어 놓고 푯말도 꽂았다. 거북이, 소시랑게도 유유히 바다를 돌아다닌다.

　　과학 상상화를 그리다 보니까 정말 그림처럼 되었으면 좋겠다는 생각이 들었다. 그러면 얼마나 신 날까? 과학은 마술 같은 세상을 만들어 줄 것 같다.

과학의 날 행사가 끝난 후 잘한 사람은 상을 받기도 해요.
또 평소에도 과학을 더 흥미롭게 배울 수 있는 기회가 있기도 하고요. 그 일을 써 보세요.

상상화 그리기 경진대회

상상화 그리기 대회에 나갔다. 결과가 발표되었다.
이상하다. 이름을 다 불렀는데 내 이름이 나오지 않았
다. 심사위원들이 대충 평가를 한 게 아닌가 하는 의심
이 갔다. 사실, 난 불만이 많았다. 하지만 상품 추첨 시
간에 당첨된 것만으로도 만족한다. 다음에도 상상화
그리기 경진대회에 나갈 것이다. 그때는 더 잘 그려서
꼭 상을 받고 싶다.

생명과학 시간에 처음 만난 프레리 도그!

금요일은 나에게 즐겁고 신나는 날이다. 왜냐하면 생명과학 수업이 있기 때문이다.
마음이 급해 쿵쿵쾅쾅 뛰어갔다.

프레리 도그는 초원의 개다. 프레리 도그는 날카로운 손과 발이 있고 포유류에 속한다.
나는 프레리 도그가 불쌍하다. 왜냐하면 멸종위기이고 이를 안 갈면 뇌를 뚫고 나와 생명을
잃고 '깨고닥'하고 죽기 때문이다. "프레리 도그야, 잘가."하고 손을 흔들며 작별인사를 했
다. 다음에 만나면 목욕 좀 하고 와~

봄

첨벙첨벙 수영한 날
– 만화 일기

봄철, 건강을 지키려면 운동을 해야 해요. 평소 어떤 운동을 하는지 재미있었던 일을 만화로 그려 보세요.

콩콩 쓰는 오늘 일기

1
날짜와 날씨를
써요.

- 날짜 : 4월 14일
- 날씨 : 황사가 몰려옴
- 제목 : 수영 시합

2
제목을 써요.

3
운동을 하면서
있었던 일을 4컷
만화로
재미있게
그려요.

수영을 하는 날이다. 선생님께서는 여자는 킥판을 잡고 해도 된다고 하셨다. 물속에서 첨벙 첨벙 평영과 자유형 시합을 했다. 시합을 끝낸 다음 킥판을 정리했다.

4
어떤 내용의
만화인지
간단히 적어요.

톡톡 튀는 다른 소재와 표현

체육시간에도 운동을 하지요? 혼자 하는 운동도 있고,
여럿이 하는 운동도 있을 거예요. 모두모두 만화로 표현해 보세요.

폴짝폴짝 줄넘기 2단 뛰기

체육 시간에 줄넘기를 했다.
처음엔 혼자 2단 뛰기랑 다른 것도
했다. 힘들었다.

아이고, 힘들어~

혼자 하다가 같이 한다고 했을 때
'또?'라는 생각에 좌절했다.
덥고 힘들다고요 ㅠㅠ

봄

가족 소개하기

우리는 사랑하는 가족이 옆에 있어 안심하고 지낼 수 있어요.
가족들의 특징을 하나하나 떠올리며 자세하게 소개해 보세요.

콩콩 쓰는 오늘 일기

❶
날짜와 날씨를
써요.

❷
제목을 써요.

❸
가족의 특징과
개성을
소개해요.

❹
가족에게
바라는 점이나
나의 다짐을
써요.

· 날짜 : 4월 15일 월요일   · 날씨 : 바람아, 내 곁으로 다가와 줘!

· 제목 : 우리 가족 소개~

　　우리 가족은 아빠, 엄마, 오빠 그리고 나 이렇게 넷이다. 아빠는 운동을 잘해서 나한테 인라인 스케이트, 자전거, 줄넘기, 앞구르기를 가르쳐 주신다. 엄마는 재미있는 책을 읽어주신다. 목소리가 예쁘시다. 또 내 맘도 잘 알아주셔서 정말 좋다. 오빠는 나를 때리지는 않지만 가끔 째려본다. 어느 날 오빠가 느릿느릿 학교에 가더니 담을 훌쩍 넘는 것을 보았다. 내가 엄마한테 살짝 일렀더니, 엄마가 오빠한테 선도부에서 담 넘었다고 전화 왔었다고 거짓말을 했다. 오빠가 깜짝 놀라자 엄마가 손가락으로 나를 가리키니까 그제야 이해를 하고는 어이없어 하며 웃었다. 나는 달리기도 잘하고, 글씨도 예쁘게 쓰고, 책도 좋아한다.

　　우리 가족에게 바라는 점은, 더 많이 웃고 즐겁게 지내는 거다. 또 서로 화가 나도 참고 다정한 말을 더 많이 해 주었으면 좋겠다.

가족의 성격은 어떻고, 하는 일은 무엇인가요?
또 우리 가족에게 재미있는 별명은 없나요? 이런 것들도 모두 소개해 보세요.

우리 가족을 소개할게요!

우리 가족은 엄마, 아빠, 누나, 나까지 네 명입니다. 아빠는 회사에서 브랜드를 개발하는 사람입니다. 아빠는 무섭지 않고 착합니다. 엄마는 집을 관리하는 사람입니다. 착하고 예쁩니다. 누나는 4학년이고 초등학교에 다닙니다. 누나는 통통하고 뭐든지 잘하는 척척박사입니다.

저는 가족이 자랑스럽고 언제나 저와 함께 있어서 행복합니다. 오늘밤에 가족에게 뽀뽀를 해주고 싶습니다. 사랑해요.

우리 가족의 별명

먼저, 아빠의 별명은 원숭이다. 왜냐하면 아빠께서는 매일 나랑 재미있게 놀아주고 장난꾸러기처럼 행동하기 때문이다. 엄마의 별명은 바로 돼지이다. 왜냐하면 엄마께서는 모든 음식을 가리지 않고 잘 먹기 때문이다. 으르렁거리는 무서운 우리 오빠의 별명은 호랑이, 치타이다. 무서운 오빠이고 달리기가 치타처럼 빠르기 때문이다. 내 별명은 이름과 같다. 정원에는 예쁜 꽃과 나비가 있는데, 친할아버지께서 내가 그렇게 닮았으면 해서 정원이라고 지어주신 것이다.

별명과 이름이 똑같은 사람은 별로 없을 것이다. 어쩌면 나 하나뿐일지도 모른다. 그런 생각을 하니 내 별명이 무척 마음에 들었다.

봄

봄나들이 가요

봄엔 어디로 나들이를 가면 좋을까요? 산, 들, 바다, ……. 어디든 갈 수 있어요.
여행이나 체험학습을 간 일을 써 보세요.

콩콩 쓰는 오늘 일기

① 날짜와 날씨를 써요.

- 날짜 : 4월 30일 금요일

- 날씨 : 반짝이는 모래알, 출렁거리는 파도~ 벌써 여름인가?

- 제목 : 철 이른 만리포 해수욕장에 가다 

② 제목을 써요.

풍덩풍덩! 촤르르르~ 와하하하 하는 소리가 계속 이어졌다. 종석이 오빠와 명진이가 풍덩거리며 물을 튀기며 갈 때 촤르르르 하고 파도가 찰싹거렸다. 그때마다 재미있어서 계속 웃었다. 한참 동안 바다 속에서 놀다가 밖으로 나와 모래사장에 발을 묻었다. 그런 다음 묻었던 발을 들어 올렸더니 모래가 하늘 위로 날아갔다. 재미있었긴 했지만 이게 뭐람. 하늘 위로 올라간 줄만 알았던 모래가 내 얼굴에 철퍼덕 묻은 것이다. 얼굴뿐만 아니라 머리카락과 목에도 묻어서 정말 찜찜했다.

③ 봄나들이나 여행을 가서 있었던 일을 써요.

사실 찜찜한 것은 잠깐이었다. 그냥 누워 있으니까 모래랑 내가 하나가 된 것 같았다. 바닷물을 먹은 것도 이상하기는 했지만, 또 묘하기도 했다. 여름이 아닌데 바다에 와서 노는 것도 재미있었다.

④ 그 일을 겪고 나서 느낀 점이나 기분을 써요.

동물원이나 숲으로 나들이를 떠날 수도 있어요. 봄엔 동물들, 식물들 모두 기지개를 켜고
다시 생명을 뿜어내지요. 어떤 경험을 했는지 써 보세요.

늑대를 건드리지 말아요!

가족끼리 서울대공원에 갔다. 처음으로 타조를 보았는데 냄새가 지독했다. 키는 멀대같이 컸다. 사자를 보았는데, 귀여우면서도 무서웠다. 올라가다가 가끔씩 쉬었다. 그때 늑대가 나타났다. '아~우'하며 계속 소리를 질렀다. 어떤 아줌마가 나뭇가지로 늑대를 만지니까 늑대가 화가 나서 나뭇가지를 부러뜨렸다.

아줌마가 잘못했다고 생각되었다. 그렇게 무서운 늑대를 화가 나게 하다니. 그러다가 다치기라도 하면 어떡하나? 조심성이 없는 것 같다. 늑대는 절대 건드리면 안 된다.

양재 시민의 숲

양재 시민의 숲에 가서 친구들과 놀았다. 신혜민, 신승원, 김선준, 박종호, 허태윤, 지희승, 문재원, 여채원, 이세중, 허서윤, 김나은, 김어진과 같이 갔다. 이렇게 많은 친구들과 우루루 몰려가서 노니까 더 재미있었다. 희승이랑 물에서 물장구도 쳤다. 피구도 하고 부메랑도 날렸다. 기분이 날아갈 것처럼 좋았다. 내가 빼놓을 수 없는 축구 경기도 했다. 땀도 흠뻑났다.

다음에도 친구들과 같이 와서 신나게 놀 것이다.
친구들이 있어서 참 좋다.

봄

관찰해 보아요
– 관찰 일기

우리 주변에는 작은 생물이 참 많아요. 자세히 관찰해 본 후 관찰 일기를 써 보세요.
새롭게 알게 된 점도 써요.

콩콩 쓰는 오늘 일기

① 날짜와 날씨를 써요.

- 날짜 : 5월 19일 목요일   · 날씨 : 여름이 성큼성큼, 봄은 뒤로뒤로

② 제목을 써요.

- 제목 : 달팽이를 관찰하다

　외할머니 댁에서 가져온 시금치를 씻다가 귀여운 아기 달팽이 두 마리를 발견했다. 오빠와 나는 달팽이를 보고 신기해서 한참을 빤히 쳐다보았다. 그러다가 잠깐 쉬고 다시 보니 시금치에 조그마한 구멍이 생겨 있었다. 달팽이가 시금치를 먹었나 보다. 1시간 정도 지나자 이번에는 푸른색 똥을 누었다. 달팽이 똥은 시금치랑 색깔이 같았다. 오후에는 달팽이가 흙을 좋아한다고 해서 동백꽃이 있는 화분에 올려 주었다. 달팽이의 더듬이를 살짝 만져 보았더니, 더듬이가 쏙 들어갔다. 달팽이 살은 참 부드럽고 촉촉했다. 달팽이는 느릿느릿 동백꽃 나무 위를 기어 다녔다.

③ 작은 생물을 자세히 관찰한 내용을 써요.

　얼른 달팽이집을 준비해야겠다. 그리고 먹이도 잘 줘서 어떻게 자라는지 꼭 지켜 볼 거다. 어른 달팽이가 되면 그때 놓아줘야지.

④ 관찰을 끝낸 후 생각한 점이나 느낀 점을 써요.

톡톡 튀는 다른 소재와 표현

조금 큰 동물은 관찰하기 쉬울지도 몰라요.
또 식물은 움직이지 않으니까 더 쉽게 관찰할 수 있지요. 둘 다 써 보세요.

동백나무 관찰

아빠가 지난 주 토요일에 할머니 댁에 가서 동백나무를 캐 오셨다. 나는 호기심이 생겨서 크기랑 모양을 자세히 살펴보았다.

동백나무의 길이는 36Cm이다. 이파리는 9개였는데, 하나가 떨어져 8개가 되었다. 제일 윗부분은 갈색과 빨간색의 작은 봉오리가 오므리고 있었다. 작은 봉오리가 밑에 두 개나 더 있었다. 이파리 하나를 재 보았더니 길이가 7.8Cm이고, 넓이는 3.9Cm이다. 이파리를 만져 보았더니 앞은 부드러운데 뒤는 좀 까칠까칠했다. 가운데의 굵은 이파리 색깔은 초록색이고, 줄기는 연두색이다. 가운데를 중심으로 왼쪽과 오른쪽으로 줄기가 여러 개 뻗쳐 있었다. 내 손바닥에 있는 손금처럼 여러 갈래다. 나무줄기는 연한 황토색과 그냥 황토색, 또 갈색으로 되어 있다. 나무줄기를 만져 보니까 꺼칠꺼칠해서 손이 조금 아팠다.

이 동백나무가 언제 꽃이 필지 궁금하다. 내가 사랑을 듬뿍 주어서 얼른 피게 해야겠다.

방귀쟁이 스컹크

방과후 생명과학 시간은 정말 재미있었다. 스컹크에 대해 배웠다. 스컹크 방귀는 액체이다. 스컹크는 엉덩이에 항문샘항문이 있다. 스컹크는 왜 검정색, 하얀색이냐면 '나, 무섭다.'라는 표시이다. 항문샘 항문은 강아지, 고양이, 스컹크에 있다. 스컹크 종류는 점박이 스컹크, 남부 스컹크, 등줄무늬 스컹크, 줄무늬 돼지코 스컹크, 서부 돼지코 스컹크 등이 있다.

다음에도 스컹크를 또 보고 싶다.

어린이날, 어버이날

5월엔 행사가 많아요. 어린이날, 어버이날, 스승의 날 등이지요.
이 중 어린이가 가장 좋아하는 어린이날을 어떻게 보냈는지 써 보세요.

콩콩 쓰는 오늘 일기

① 날짜와 날씨를 써요.

- 날짜 : 5월 5일　　· 날씨 : 낮에는 덥고 밤에는 추운 날
- 제목 : 기다리고 기다리던 어린이날!

② 제목을 써요.

　　기다리고 기다리던 어린이날이다. 아침부터 두근두근 콩콩 설렜다. 고민 고민하다가 코스트코에 가서 장을 보고 인라인을 탔다. 어린이날 선물로 레고 키마를 선물로 받았다. 무엇보다 중요한 사실은 오늘 오빠와 내가 왕이 된 것이다. 그럼, 누가 신하일까? 조금 미안하긴 하지만 오늘만큼은 엄마 아빠를 신하로 임명해야겠다. 겉으로 표현하면 혼날까봐 속으로 '여봐라, 맛있는 음식을 대령하도록 하라.'고 주문했다.

③ 어린이날 있었던 일을 써요.

　　매일 매일이 어린이날이었으면 좋겠다. 선물도 받고 하고 싶은 것도 실컷 할 수 있게 말이다. 또 오늘만큼은 엄마나 아빠한테 잔소리를 듣지 않으니까 정말 좋다.

④ 어린이날에 대한 생각과 이 날을 보낸 소감을 써요.

어린이날이 어린이를 위한 날이라면 부모님을 위한 날도 있어요. 부모님의 은혜를
감사히 여기는 어버이날이지요. 이 날을 맞아 효도일기를 써 보세요.

엄마, 아빠의 은혜는 끝이 없어라~

　어버이날을 맞아 부모님께 고마운 마음을 담아 편지를 썼다. 편지를 다 쓰고 나서 곰곰이 생각해 보니 부모님께서는 우리들 때문에 퍽이나 고생하고 계시다는 것을 깨달았다. 나를 끝없이 가르쳐 주시고 예뻐해 주시다니 감동의 물결이다. 내가 엄마 아빠를 위해 할 수 있는 일이 뭘까 생각했다. 안마해 드리기, 꼭 안아주기, 부탁 한 가지 들어 드리기, 빨래 널기, 엄마 아빠께 세 번 이상 칭찬 듣기, 가끔 설거지하기 등 많다. 이 중 하루 한 가지씩은 꼭 실천해봐야겠다.

　오늘 당장 설거지를 했다. 아빠는 내가 설거지하는 모습을 보더니 "어? 우리 딸이 설거지도 할 줄 아네?" 하시면서 용돈을 주셨다. 설거지 할 때마다 용돈을 주신다고 했다. 나는 그냥 효도하고 싶은 건데 아빠가 용돈을 주신다니 받기는 해야겠다고 생각했다.

엄마, 아빠 감사합니다

　학교에서 엄마, 아빠에게 드릴 카드를 만들었다. 난 글자 하나하나를 예쁘고 정성스럽게 썼다. 엄마는 내 글씨를 보시고는 깜짝 놀라셨다. 우렁찬 목소리로 '어머님 은혜'라는 노래를 부르고 "엄마, 사랑해요."라며 카드를 안겨 드렸다. 엄마는 쿠폰을 보시고 행복해 하셨다. 엄마가 뽀뽀해 달라고 해서 해드렸더니, 바로 안마를 해달라고 하시며 소파에 벌러덩 누우셨다. 그런 모습이 꼭 아이 같았다. 난 그런 엄마가 사랑스럽다. 엄마, 아빠 감사해요.
(아빠는 늦게 오셔서 내일 아침에 앵콜 공연을 해야겠다)

봄

문화생활을 즐겨요~

가족이나 친구와 공연을 본 적이 있지요? 뮤지컬, 연극, 마술쇼 등 즐거운 공연들이 많아요.
이렇게 문화생활을 즐긴 일을 써 보세요.

콩콩 쓰는 오늘 일기

① 날짜와 날씨를 써요.

· 날짜 : 5월 13일   · 날씨 : 아이스크림을 두 개나 먹은 날

· 제목 : 뮤지컬 '프린세스 콩쥐'를 본 날 

② 제목을 써요.

　드디어 뮤지컬 '프린세스 콩쥐'를 보러 갔다. 단짝 서연이랑 같이 갔다. 그동안 북토비를 열심히 해서 뮤지컬 티켓을 잡아래에 당첨된 것이다. 콩쥐는 내가 읽은 동화책에서처럼 정말로 착한 아이다. 팥쥐와 팥쥐의 엄마는 못 되었다. 콩쥐는 멋진 왕자님하고 결혼도 한다. 왕자가 팥쥐가 마음에 안 든다고 확 밀었을 때의 장면이 가장 기억에도 남고 재미있었다. 1부가 끝나고 2부가 시작되었다. 2부는 신데렐라 이야기와 조금 비슷한 점이 있었다. 서연이와 나는 1부보다 2부가 더 실감나고 재미있다고 소곤거렸다.

③ 어떤 공연을 보았는지 재미있는 부분을 중심으로 써요.

　뮤지컬은 참 신난다. 말만 하는 게 아니라 노래도 부르고 춤도 추기 때문이다. 또 우리나라 옛날이야기가 이렇게 바뀌니까 더 재미있다. 우리식이랑 외국식이랑 섞인 것 같다. 다음에 다른 뮤지컬도 또 보고 싶다.

④ 뮤지컬을 본 느낌과 즐거움을 표현해요.

맛있는 음식을 먹으면 기분이 좋아져요. 이것도 문화생활의 한 부분이랍니다.
나에게 즐거움을 주었던 음식을 먹은 날, 일기에 그 일을 써 보세요.

지글지글 바비큐 파티는 즐거워

바비큐 파티를 한다고 외삼촌 친구집에 가게 되었다. 텀블링을 했다. 뛰다 보니 텀블링 안에 개미가 있었다. 뛰니까 그 작은 개미가 바람처럼 날아갔다. 내 친구가 개미 다리를 한 개만 남기고 다 떼어냈다. 그랬더니 그래도 기어가는 것이었다. 한 발로 기어가는 것이 신기하기만 했다. 이번에는 포도주스에 허쉬 똥을 집어넣었다. 허쉬가 누구냐면 강아지다. 미국 개다. 허쉬 키가 130센티미터나 되었다. 마치 여우 같다.

드디어 바비큐를 먹는 시간이 되었다. 기대했던 대로 아주 맛있었다. 친구와도 즐겁게 놀고 맛있는 바비큐도 먹으니 기분이 좋아졌다. 다음에도 또 바비큐 파티에 가고 싶다.

자장면도 맛있고 짬뽕도 맛있어!

한자 시험이 끝나고 중국집으로 갔다. 엄마가 자장면을 사 주기로 약속했기 때문이다. 내가 제일 좋아하는 음식이 자장면이니까. 엄마는 짬뽕을 시키셨다. 그런데 짬뽕을 보니까 정말 먹음직스러웠다. 나도 모르게 침이 꼴깍 넘어갔다.

"엄마, 한 입만 먹어봐도 돼요?"

"그러엄~!"

나는 조심스레 젓가락질을 했다. 짬뽕 면이 쫄깃쫄깃하고 국물도 매콤하면서 시원했다. 이번엔 내가 시킨 자장면을 한 젓가락 먹었다. 역시 자장면도 정말 맛있었다. 이렇게 나는 자장면과 짬뽕을 번갈아 먹었다. 엄마도 그렇게 하셨다.

다음엔 자장면과 짬뽕을 절반씩 주는 짬짜면을 시켜야겠다.

나의 꿈과 재능은?
– 만화 일기

나의 꿈은 무엇인가요? 피아니스트. 의사, 물리학자, 발명가, 변호사, 패션디자이너 등 여러 가지가 있을 거예요. 나의 꿈과 재능에 대해 써 보세요.

콩콩 쓰는 오늘 일기

1
날짜와 날씨를 써요.

· 날짜 : 5월 21일   · 날씨 : 벌써 여름인가?

· 제목 : 피아니스트보다 작곡가!

2
제목을 써요.

3
나의 꿈과 관련한 노력을 4컷 만화로 재미있게 표현해요.

4
나의 꿈과 재능에 대한 생각을 정리해요.

피아노 선생님은 오늘도 꾸중을 하셨다. 나는 피아니스트보다 작곡가가 되고 싶다. 연주에는 아무래도 재능이 없는 것 같다.

톡톡 튀는 다른 소재와 표현

꿈을 이루기 위해 어떤 노력을 하고 있나요? 그리고 그 꿈을 통해 무슨 일을 하고 싶나요?

꿈과 관련한 여러 가지 일들을 좀 더 구체적으로 표현해 보세요.

플룻은 나의 꿈

나의 꿈은 플룻을 멋지게 연주해 보는 것이다. 내 꿈을 이루기 위해서 연습을 게을리 하지 말아야겠다.

동화작가가 되고 싶어!

나의 꿈은 동화작가이다. 아이들한테 재미있는 이야기도 들려주고, 그림도 그려 상상력과 창의력을 쑥쑥 길러주고 싶다.

자유 주제 베스트 10

1

- 날짜 : 3월 8일   · 날씨 : 봄바람이 더 매서워~
- 제목 : 시험은 지겨워~

　1교시부터 4교시까지 진단평가를 봤다. 갑자기 시험을 본다고 해서 깜짝 놀랐다. 국어, 수학, 블록 쌓기를 보았다. 수학과 국어는 평상시 많이 보는 시험이라 그런대로 할 만 했다. 블록 쌓기는 너무 힘들었다. 1교시부터 4교시까지 시험을 보니 머리가 지끈지끈 아팠다.

　5교시 때 되니 좀 괜찮아졌다. 시험을 안 보고 놀았으니까. 시험을 봐도 너무 많이 본다는 생각에 화가 났다. 그런데 영어학원에서도 또 시험을 보는 것이었다. 으악~. 오늘은 완전 시험의 날이다. 앞으로는 이런 일이 없었으면 좋겠다.

2

· 날짜 : 3월 12일 · 날씨 : 우중충하고 꾸물꾸물한 날

· 제목 : 메추리의 탄생을 기다리며

오빠와 나는 꿈이 과학자이다. 오빠는 요즘 알을 키우고 싶어 한다. 메추리알을 또 키우고 싶다고 했다. 전에 실패해서 이번에는 꼭 성공하고 싶어 했다. 나도 메추리가 성장하는 것을 보고 싶다. 그리고 메추리가 커서 알을 낳아 껍질을 깨고 나오는 것을 보고 싶다. 지난번에는 알을 깨고 몇 개월간 살았었다. 그런데 어느 날 죽어버렸다. 건강하지 않아서 죽었다고 했다. 그 메추리는 불쌍하다. 이번에는 어른이 될 때까지 성장해 주었으면 한다.

3

· 날짜 : 3월 16일 · 날씨 : 맑다가 갑자기 비가 내림

· 제목 : 아빠가 자랑스러울 때

우리 아빠는 우리한테 자주 어렸을 때 받은 상장을 보여주신다. 대부분 공부를 잘해서 받은 상장이다. 태권도를 잘 해서 받은 상장도 있다. 모아 놓은 상장을 보면 꽤 두껍다. 그런 아빠가 자랑스럽다. 아빠의 상장을 보니까 나도 잘하고 싶은 욕심이 생긴다. 아빠는 할머니한테 칭찬을 많이 받고 자랐을 것이다.

나는 공부 잘하는 상 말고 바른 어린이상, 피아노대회상, 미술대회상, 발레대회상 등을 받을 수 있다. 내가 이런 상장을 받는다면 어른이 되어서 아이들에게 아빠처럼 두껍게 모아둔 상장을 보여줄 수 있다. 자랑스러운 엄마의 모습을 꼭 보여주고 싶다.

4

- 날짜 : 3월 19일   · 날씨 : 비를 몰고 올 바람이 솔솔~
- 제목 : 오빠와 놀이터에서

오빠와 아파트 분수대에서 자전거를 탔다. 자전거를 타다가 놀이터의 큰 섬에 올라가 '도둑 성 못 들어오기' 게임을 했다. 게임 방법은 도둑과 성을 지키는 사람이 있어야 된다. 도둑을 성에 못 들어오게 막고 도둑이 깃발을 잡으면 도둑이 이기는 게임이다.

내가 성을 지키고 오빠가 도둑을 했다. "준비, 시작!"과 동시에 게임은 시작되었다. 오빠를 계속 성에 못 들어오게 막았다. 오빠가 깃발을 잡으려고 할 때 힘껏 밀어서 쫓아냈다. 나의 승리이다!

5

- 날짜 : 3월 22일   · 날씨 : 태양아 조금만 힘내!
- 제목 : 우리에게 금빛 선물을 안겨준 김연아 선수

아주 감격스러운 일이 있었다. 김연아 선수가 금메달을 딴 것이다. 나는 내가 받은 것처럼 정말 기쁘고 행복했다. 우리 가족 모두 경기장면을 보았다. 조마조마했다. 혹시 실수로 넘어질까 봐 걱정이 되었다. 하지만 김연아 선수는 부드럽게 움직여서 마음이 놓였다. 경기가 다 끝나고 나서 점수가 나왔다. 총점이 218.31이었다. 순간 내 눈이 아주 동그래졌다. 그리고 마음속에서 심장이 확 불타는 것 같았다. 김연아 선수가 이길 수 있었던 비결은 매일 쉬지 않고 연습을 한 것이다. 나도 태권도를 열심히 연습해서 올림픽에서 금메달을 딸 것이다. 그래서 국민들에게 감격을 줄 것이다.

6

· 날짜 : 3월 30일   · 날씨 : 해님과 구름이 숨바꼭질하네

· 제목 : 낚시터에 가서 보글보글 끓여 먹은 라면

경기도에 있는 낚시터에 갔다. 중간에 사촌형도 태우고 갔다. 가서 텐트 먼저 쳤다. 형이 잠자리를 향해 고무줄 총을 쐈다. 형은 잘 맞혔다. 잠자리가 떨어지는 걸 보고 우와~ 하는 감탄사가 절로 났다. 드디어 낚시를 했다. 밤에 해서 물고기가 안 잡히는 것 같아서 자고 일어나서 낚시를 했다. 그래도 안 잡혔다. 라면도 보글보글 끓여 먹었다. 고기를 한 마리도 못 잡고 가서 아쉬웠다. 다음에는 물고기를 꼭 잡을 것이다.

7

· 날짜 : 4월 30일   · 날씨 : 구름 둥실둥실

· 제목 : 엄마, 아빠를 닮은 나

나는 과연 엄마, 아빠 중에 누구를 더 닮았을까? 거울을 보았다. 그래도 도저히 누구를 닮았는지 알 수가 없었다. 주위 사람들의 이야기를 들어 보면 얼굴 생김새가 거의 다 아빠를 닮았다고 하신다. 하지만 나의 깔끔함, 정리 정돈하기, 좋아하는 음식, 그림 그리기 등은 엄마를 쏙! 빼닮았다고 엄마가 늘 말씀하셨다. 그래서 나는 키다리 아빠, 깔끔이 엄마의 예쁜 딸이다.

8

- 날짜 : 5월 13일 · 날씨 : 샤스타데이지가 활짝 꽃 핀 날
- 제목 : 사슴벌레의 한살이

친구야, 안녕?

참나무에서 흘러나온 나무진을 먹고 사는 사슴벌레에 대해 알고 있니? 사슴벌레의 한살이 과정에 대해 알려줄게. 사슴벌레는 어른벌레가 되려면 2년 정도가 걸려. 알에서 어른벌레가 되기까지 2~4년 정도 걸린단다. 알 → 1령 애벌레 → 2령 애벌레 → 3령 애벌레가 되는 거야. 시간이 너무 오래 걸리지? 그 이유는 애벌레의 먹이인 썩은 나무에는 영양분이 많지 않아서 어른벌레로 다 자라기까지 오래 걸리기 때문이야.

너희도 사슴벌레를 한 번 키워 보렴. 알아둘 게 있어. 밤에는 사슴벌레가 시끄러운 매미소리만큼이나 요란하게 박박 긁으며 떠들어.

그럼 안녕.

9

- 날짜 : 5월 19일 · 날씨 : 바람이 햇살 사이로 슝슝~
- 제목 : 오빠의 야구 연습실에 간 날

수영이 끝나고 엄마, 아빠, 나, 오빠는 오빠 야구연습실로 갔다. 오빠는 타격 연습, 기본자세 잡기, 멀리치기 연습을 했다.

그동안 나는 엄마와 함께 아이스크림과 과자를 사러 갔다. 그리고 다시 야구장으로 왔다.

조금도 안 돼서 야구가 끝났다. 오빠는 4타수 0안타이다.

그런 다음 우리는 저녁을 먹으러 갔다. 정말 재미있는 하루였다.

10

· 날짜 : 5월 29일   · 날씨 : 쌀쌀해서 춥고 비까지 옴

· 제목 : 엄마와 낱말 퍼즐을 풀다

낱말 퍼즐을 풀었다. 처음에는 혼자서 풀었다. 점점 어려워졌다. 결국에는 엄마한테 도움을 청했다. 그런데 엄마도 헷갈리는 낱말이 있나 보다. 우리 엄마는 다 알 줄 알았다. 조금 실망이다. 엄마하고 나는 14번 세로 열쇠를 잘 몰랐다. 14번 답은 '역지사지'였다. 엄마와 나는 사전을 찾아보았다. 아뿔싸, 면역력을 '면연력'이라고 잘못 써 놓아서 헷갈린 것이었다. 어이가 없었다. 푸하하하 웃음이 나왔다. 엄마랑 얼굴을 맞대고 낱말 퍼즐을 푸니까 그래도 재미있었다.

	[1] 오		[2] 번	하	[3] 가		[4] 장	학	[5] 금
	징		데		랑		신		상
[6] 띄	어	[7] 쓰	기		[8] 비	방	구		첨
		레						[9] 동	하
		밭				[10] 시	금	치	
[11] 꼭	[12] 대	기		[13] 면	[14] 역	력		미	
	기				지		[15] 인		
	[16] 실	[17] 현			[18] 사	계	절		[19] 애
		[20] 미	꾸	[21] 라	지		[22] 미	역	국
[23] 망	원	경		연					가

여름

여름 여름 여름
땀방울이 송글송글

여름 여름 여름
매미가 맴맴맴맴

여름 여름 여름
에어컨이 살랑살랑

여름 여름 여름
파도가 출렁출렁

여름

이른 아침에 이슬방울
– 동시 일기

이제 여름이 되었어요. 이른 새벽에 이슬이 대롱대롱 매달린 모습을 보고 시를 지어보고,
그 느낌을 일기로 써 보아요.

콩콩 쓰는 오늘 일기

①
날짜와 날씨를
써요.

· 날짜 : 6월 25일   · 날씨 : 먹구름이 몰려온 날

· 제목 : 이슬방울

②
제목을 써요.

어디에서 왔니?

이른 아침에 찾아온

꼬로로롱 이슬방울

③
모양을 흉내 내는
말을 이용하여
이슬을 실감나게
표현해 봐요.

어디에서 왔니?

풀잎 위에 매달린

톡톡톡톡 이슬방울

어디에서 왔니?

땅 위에 내린

콩콩콩콩 이슬방울

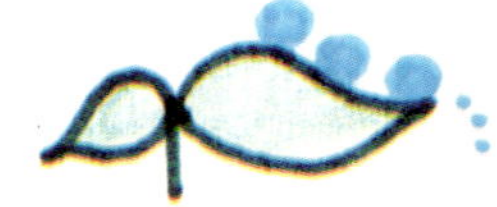

여름이 되면 귀여운 동물들과 곤충들, 아름다운 꽃들을 볼 수 있어요.
그 감상을 시로 표현해 보세요.

비오는 날 만난 달팽이

비오는 날
달팽이를 만났네

타박타박 걷다가
달팽이를 만났네

내 우산을 쓰고
달팽이를 만났네

나팔꽃이 무럭무럭

잎이 주렁주렁
와, 꽃도 피었네

나팔꽃이 한들한들
와, 춤을 추네

줄기가 빙글빙글
와, 돌고 있네

입이 쩍쩍
끝은 뾰족뾰족

나팔꽃아, 무럭무럭
쑥쑥 커라

나의 일주일 생활계획표 짠 날

방학이 되면 시간을 아무렇게나 보낼 수 있어요. 이때 생활계획표를 짜면 도움이 될 거예요.
일기에 직접 생활계획표를 짜서 그려 보세요.

콩콩 쓰는 오늘 일기

1 날짜와 날씨를 써요.

- 날짜 : 7월 17일 · 날씨 : 내 맘처럼 맑고 화창 ^^
- 제목 : 나의 동그란 생활계획표

2 제목을 써요.

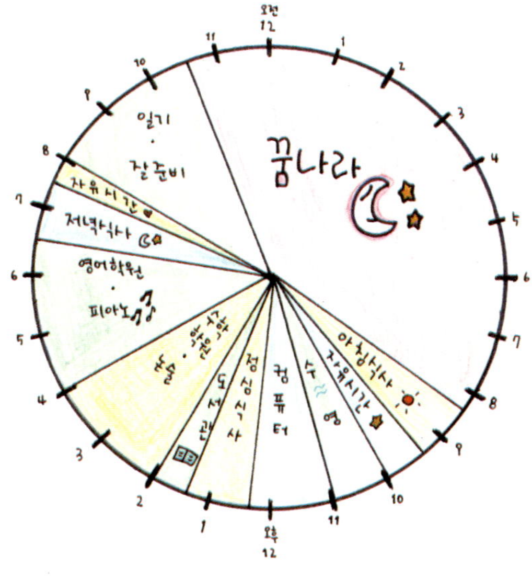

3 요일별로 일주일 생활계획표를 짜요.

4 생활계획표에 대한 평가와 앞으로의 다짐을 써요.

야호! 방학이다. 동그란 나의 생활은 아침 8시 30분 식사부터 시작된다. 학교 갈 때보다 1시간이 늦춰졌다. 잠은 실컷 자도 게으름을 피우진 않을 것이다. 자유시간이 많아져서 기분이 좋다.

톡톡 튀는 다른 소재와 표현

생활계획표는 여러 가지 모양으로 만들 수 있어요. 네모나게 만들 수도 있고,
그림으로 그릴 수도 있지요. 재미있게 만들어 보세요.

나의 일주일 생활 계획표

주문을 외울 것이다. '제발 제발, 작심 삼일이
되지 않게 해 주세요.'

이대로 지켜서 방학을 알차게 보내고 싶다.

그림으로 그린 나의 하루

늦게까지 잠을 쿨쿨 잤다. 일어나 보니 10시였다. 일단
엄마가 보글보글 끓여주시는 된장국에 밥을 먹었다. 그때
친구한테 전화가 왔다. 놀이터에서 20분 후에 만나자고
했다. "어머님~, 밥은 그만 먹고 놀이터에 나가도 될까요?"
내가 그렇게 얘기하니까 엄마도 호호호 웃으셨다. "방학
첫 날이니까 맘껏 놀다 오시지요~."
방학은 정말로 우리에게 휴식 같은 친구이다!

늦게까지 잠을 쿨쿨 잤다. 일어나 보니 10시였다. 일단 엄마가 보글보글 끓여주시는 된장국에 밥을 먹었다. 그때 친구한테 전화가 왔다. 놀이터에서 20분 후에 만나자고 했다. "어머님~, 밥은 그만 먹고 놀이터에 나가도 될까요?" 내가 그렇게 얘기하니까 엄마도 호호호 웃으셨다. "방학 첫 날이니까 맘껏 놀다 오시지요~."
방학은 정말로 우리에게 휴식 같은 친구이다!

여름

모래알 반짝, 해수욕장 간 날
– 기행 일기

땀이 뻘뻘 나는 여름이 되면 당장 바다로 달려가고 싶어요.
시원한 바닷가에서 어떤 일이 있었는지 신 나는 경험을 써 보세요.

콩콩 쓰는 오늘 일기

① 날짜와 날씨를 써요.

- 날짜 : 7월 22일   · 날씨 : 햇빛은 쨍쨍, 모래알은 반짝
- 제목 : 속초 해수욕장, 파도타기는 아주 재미있어!

② 제목을 써요.

    모래사장에 텐트를 치고 난 뒤 물을 튀기며 바다로 풍덩풍덩 들어 갔다. 아빠는 조개를 잡고 우리는 파도타기를 했다. 오빠는 튜브를 타다가 커다란 파도가 덮쳐 뒤집어지기도 했다. 그 덕분에 엄마와 나는 물론 주변 사람들까지 푸하하하 웃음을 터뜨렸다. 동해 바다여서 그런지 조금만 들어가도 바닷물이 가슴까지 차 올라왔다.

    한참을 놀다가 몸이 무거워진 것 같아서 주머니를 만져 보았는데 허걱!!! 내 주머니에 모래가 가득 들어가 있었다. 모래를 빼는 사이에 파도가 덮쳐서 바닷물도 먹었다. 아휴, 너무 짜다!

③ 바다에서 겪은 일 중에서 기억에 남는 일을 써요.

    바다는 참 신기하다. 조용한 것 같다가도 사납게 달려든다. 그래서 꼭 살아 있는 것 같다. 파도 때문에 이렇게 느껴지는 것 같다. 파도는 장난꾸러기 같다.

④ 해수욕을 즐긴 후 어떤 생각과 느낌이 들었는지 써요.

**해수욕장 말고도 시원한 곳은 많아요. 깊은 산에 있는 계곡도 있고, 시설 좋은 수영장도 있지요.
어디든 다녀와서 더위를 날려 버린 경험을 써 보세요.**

강원도 횡성에 가다

　　강원도 횡성에 온 지 2일차, 민영이 아줌마는 새로운 계곡을 갈 준비를 했다. 나는 오빠와 갔는데 계곡물이 아주 차가웠다. 더 깊숙한 곳에 가 물고기를 잡았다. 큰 물고기와 작은 물고기가 있었다. 준영이 오빠는 바위에서 물고기를 못살게 굴었다. 죄 없는 물고기를 죽이다니 정말 불쌍했다. 엄마들이 이제 가자고 해서 우린 나왔다. 이제 집에 가야 한다. 오빠와 나는 차에 들어가서 무전기로 서로 통신을 했다. 정말 개운한 하루였다.

P.I.C 수영장에 가다

　　이른 새벽에 일어나서 인천공항으로 향했다. 바삐바삐 움직여 괌으로 가는 비행기를 탈 수 있었다. 괌 여행은 이번이 두 번째다. 그래도 처음 가는 것처럼 새로웠다. 드디어 괌 도착! 우리는 숙소에 짐을 풀고 곧바로 수영장으로 달려갔다. P.I.C 수영장에서 맘껏 물놀이를 즐겼다. 우리나라에 있는 수영장과 비슷하긴 하지만 외국이라 그런지 느낌은 새로웠다. 여러 나라에서 온 사람들이 있어서 그런 것 같았다. 수영장에서 제일 인기가 있는 슬라이딩도 했다. 슬라이딩은 원래 혼자서 하는 거지만 둘이서도 해 보았다. 꽤 괜찮았다. 뒤로도 타 보고 엎드려서도 타 보았다.

　　더운 날씨인데도 한참을 놀다 보니 춥기도 했다. 그럴 때는 온탕에 들어가서 잠시 휴식을 취하기도 했다. 색다른 하루를 보낼 수 있어 즐거웠다.

여름 장맛비 계속 내린 날

보통 6월 말부터 7월 중순까지가 장마 기간이에요. 장마철에는 밖으로 나다니면 힘들지만 새로운 경험을 할 수 있어요. 장마철에 있었던 일을 써 보세요.

콩콩 쓰는 오늘 일기

① 날짜와 날씨를 써요.

- 날짜 : 7월 26일 · 날씨 : 천둥번개가 우르르 쾅쾅, 장대비가 주룩주룩
- 제목 : 세상에 이런 일이!

② 제목을 써요.

　　비가 너무 많이 와서 엄마와 같이 커다란 초록색 우산을 쓰고 학교 도서관으로 향했다. 맙소사! 길이 온통 물바다가 되었다. 나는 샌들을 신은 채 물이 가득 찬 곳을 첨벙거리며 지나갔다. 조금 있다가 진흙탕이 나왔는데 하마터면 쭈욱 미끄러지면서 넘어질 뻔했다. 다행히 엄마가 잡아주셔서 넘어지지 않았다. 드디어 횡단보도를 건널 차례가 되었다. 맙소사! 신호등이 고장 나서 불도 켜지지 않았다. 힘들게 학교 도서관에 도착했는데 …… 정전이었다. 아 ～～ 이런 날은 처음이다. 엘리베이터도 멈추고, 전기도 끊기고……. 하지만 운이 좋은 건 비 때문에 학원 차도 오지 못해 학원을 쉬었다는 거다.

③ 장맛비를 맞으며 힘들지만 모험을 하듯 나다닌 일을 써 보세요.

　　비야비야, 이젠 그만 내려! 우리 세상을 물나라로 만들 셈이야? 그건 안 돼! 네가 자꾸 내리면 밖을 나다닐 수가 없잖아! 하지만 가끔은 내려도 좋아. 학원을 쉴 수 있으니까～^^

④ 비 온 후의 느낌을 써요.

**우리나라는 여름에 장마가 끝난 다음 무더위가 찾아와요. 그 다음엔 태풍이 몰아치지요.
사나운 여름 날씨를 소재로 써 보세요.**

나쁜 비

비가 너무 많이 와서 밖에서 놀지도 못하고 집안에만 있어야 한다.

비가 오면 나쁜 점은 징그러운 지렁이도 나오고 또 땅이 푸욱 젖어서 발도 빠지고 물웅덩이까지 여기저기 생긴다는 거다. 그래서 나는 비가 밉다. 어떤 때는 비를 보면 하느님 오줌 같기도 해서 더러워 보이기까지 한다.

"힝, 이 나쁜 비!"

내가 만약 비를 다스리는 사람이 된다면 비는 오지 않게 하고 뽀득뽀득한 눈만 내리는 스노우 월드를 만들겠다. 비를 다 눈으로 바꾸는 마법을 쓸 거다.

지구를 삼킨 태풍

아침부터 하늘이 사나운 사자처럼 으르렁댔다. '우르르 쾅!'하는 소리가 들린 건 아니지만, 검은 구름이 지구를 삼킬 것처럼 몰려왔다. 그러자 비가 후두둑 떨어졌다. 엄청 많이 떨어져서 땅이 다 뚫려 버릴 것 같았다. 이렇게 내리다가는 땅이 바다가 되어 버릴 것 같았다. 그러면 어떡하지? 나는 괜찮은데 아빠가 걱정이다. 우리 아빠는 수영을 썩 잘하지는 못하기 때문이다. 그럼 내가 아빠를 업고 수영을 해야 할지도 모르는데…….

"태풍 왔나 보다."

아빠가 나를 힐끔 쳐다보며 말씀하셨다. 나는 그게 꼭 '태풍 와서 지구가 물에 잠기면 나를 꼭 업고 헤엄쳐서 도망가야 한다.'는 소리로 들렸다. 평소에도 이런 말씀을 자주 하시기 때문이다. 태풍이 빨리 지구를 토해 내서 뿌린 물을 다 거두어 돌아갔으면 좋겠다.

보기만 해도 시원한 아이스쇼
– 만화 일기

더운 날엔 TV가 친구가 되어 줘요. 아이스쇼처럼 시원한 TV공연을 보면 친구랑 노는 기분도 들고 더위도 싹 가시지요. 만화로 표현해 보세요.

콩콩 쓰는 오늘 일기

❶ 날짜와 날씨를 써요.

- 날짜 : 7월 29일   · 날씨 : 화창하고 맑은 날

- 제목 : 김연아 선수의 멋진 아이스쇼

❷ 제목을 써요.

❸ 아이스쇼같이 시원한 TV 프로그램을 4컷 만화로 그려요.

더운 날 집에서 가만히 TV를 보니까 시원하고 재밌다. 김연아 선수의 아이스쇼라서 더 좋다. 김연아 선수는 언제 보아도 멋지다. 푹푹 찌는 더위인데, 얼음을 보니 시원하다. 김연아 선수의 연기는 더 시원하다.

❹ TV 프로그램을 보고 느낀 점을 써요.

톡톡 튀는 다른 소재와 표현

진짜 친구를 만나면 무얼 하면 노나요? 방학이라 친구를 잘 못 보는데
우연히 만나게 된 날, 그 일을 만화로 표현해 보세요.

친구와 귀신놀이하고 논 날

미술학원에 가다가 혜수와 주현이를 만났다. 몹시 반가웠다. 저녁에 만나기로 약속했다.

만나서 귀신놀이를 했다. 무서워서 소름이 돋았지만 재미있었다.

재이와의 추억

재이와 메타세쿼이아 뿌리를 캐기로 약속했다. 뒤뜰에 갔다. 없었다. 놀이터에 갔다. 그곳도 없었다. 졸음이 쏟아졌지만 참았다. 결국에는 우리 집 앞에서 뿌리를 캤다.

역사의 현장에서~
– 견학 일기

방학이 되면 시간이 많으니 유적지나 박물관을 돌아볼 수 있어요.
우리 역사를 생생하게 느껴 보고 글로도 남겨 보세요.

콩콩 쓰는 오늘 일기

1 날짜와 날씨를 써요.

· 날짜 : 8월 5일   · 날씨 : 불볕더위

· 제목 : 통일전망대에 가다

2 제목을 써요.

　　"소영아, 차에서 내리자마자 총알 날아올지도 모르니까 조심해!"
아빠의 목소리에 잠이 깼다. 드디어 통일전망대에 도착한 것이다.
하지만 '총알'이라는 말에 몸이 스르르 떨렸다. 정말인 줄 알고 겁이
난 것이다. 그런데 아빠의 얼굴을 보니 농담이라는 걸 깨달았다.
그제야 마음이 놓였다. 북한이랑 3km밖에 차이가 안 나니 그럴 수도
있겠네 하면서 웃어 넘겼다. 전망대에 오르느라 무척 더웠던 우리는
아이스크림을 하나씩 사 먹었다. 더위가 가시면서 주변 풍경이 눈에
들어왔다. 저절로 감탄사가 나왔다. 해금강과 금강산이 아주 아름
답게 보였다. 가족사진도 찍고 북한을 뚫어져라 바라보기도 했다.

3 어디를 가서 무엇을 보고 들었는지 써요.

　　북한 쪽을 보니 우리랑 참 가까웠다. 이렇게 가까운데 왜 통일이
되지 않는 거지? 서로 자주 만나서 얘기도 하고 정도 주고받으면 좋
겠다. 하루 빨리 통일이 되어 불안에 떨지 않고 살았으면 좋겠다.

4 체험을 하면서 어떤 생각과 느낌이 들었는지 써요.

유적지나 박물관 중에는 우리 현대사의 아픈 기억, 한국전쟁을 체험할 수 있는 곳이 많아요.
직접 가보기도 하고, 고마운 마음을 담아 편지도 써 보세요.

6 · 25전쟁은 어떻게 일어났나? 전쟁박물관 견학

친구들과 같이 전쟁 박물관에 갔다. 거기서 첫 번째로 배운 것은 전쟁이 일어난 순서이다.

첫째, 북한이 남침을 하여 국군이 한강다리를 폭파시켰다.

둘째, 낙동강 전투에서 승리했다.

셋째, 유엔군의 인천상륙작전이 성공했다.

넷째, 중공군이 개입했다.

다섯째, 1 · 4 후퇴이다.

이렇게 6 · 25전쟁이 일어났다는 것을 알게 되었다. 또 북한 말도 조금 재미있었다. 가락지빵은 도넛, 얼음보숭이는 아이스크림, 끌신은 슬리퍼이다. 새로운 느낌도 들고 우습기도 했다. 통일된 국기를 상상해서 그리는 체험도 했다.

희생하신 군인 아저씨들께

아저씨, 안녕하세요? 저는 정유현이라고 해요.

이렇게 힘든 전쟁이 일어나서 힘드셨죠? 전쟁터에 나가서 싸우신 아저씨께 고마운 마음을 표현하려고 이 편지를 쓰게 되었어요. 아저씨는 어떤 마음으로 전쟁터에 나가 싸우신 거예요? 우리나라 국민들을 지켜주기 위해서였나요? 그렇게 위험한 전쟁터에 나가셔서 희생하실 수 있다는 게 도무지 이해가 안돼요. 아저씨는 모든 희생을 감수하신 거잖아요. 우리나라를 위해 희생하신 것이 저는 너무 자랑스럽답니다. 아저씨들을 한 번은 만나보고 싶어요. 직접 만나서 감사하다는 인사를 꼭 드리고 싶어요.

그럼, 안녕히 계세요.

여름

선생님, 보고 싶어요!
– 편지 일기

방학 동안 집에서 지내다 보면 선생님이 보고 싶을 때가 있어요. 그리워하는 마음을 담아 선생님께 방학을 어떻게 보내는지 알려드리는 편지를 써 보세요.

콩콩 쓰는 오늘 일기

① 날짜와 날씨를 써요.

- 날짜 : 8월 17일   · 날씨 : 지글지글 끓는 불볕더위

- 제목 : 선생님, 보고 싶어요~

② 제목을 써요.

　선생님, 잘 지내고 계시지요? 요즘에는 너무 더워서 가만히 있어도 땀이 줄줄 흐르네요. 선생님께서도 정말 더우시죠?

③ 방학을 보내며 어떤 일들이 있었는지 써요.

　선생님, 방학 동안 여행은 많이 다니셨나요? 저는 가족과 함께 고성에 다녀왔어요. 더운 날, 물에서 수영을 배우기도 했고요. 짧은 방학이었지만 저는 즐겁고 알찬 하루하루를 보냈어요. 선생님께서도 방학이 즐거우셨나요?

　방학이 끝나고 2학기가 시작되면 친구들과 사이좋게 지내고, 고운 말도 쓰고, 책도 많이 읽을 계획이에요.

④ 마지막으로 하고 싶은 말을 덧붙이고 끝인사를 써요.

　그럼, 이만 줄일게요. 안녕히 계세요.

톡톡 튀는 다른 소재와 표현

친구들도 보고 싶지요? 혹시 멀리 떠나는 친구가 있나요?

친구를 보고 싶어하는 마음, 헤어짐을 아쉬워하는 마음을 담아 편지를 써 보세요.

나의 소중한 윤서에게

윤서야, 안녕?

나, 정원이야. 우와~ 자연 소리, 그 중에서도 매미 소리 들리니? 정말 좋다. 하지만 마음은 슬퍼. 왜냐하면 네가 곧 미국으로 떠나잖아. 1학기 때부터 지금까지는 너는 나의 소중한 친구였어. 1학기 동안 고마웠어. 내가 사귀던 친구들 중에서 너처럼 나를 칭찬해 주는 친구는 별로 없었어. 너랑 같은 반이 되던 날, 네가 나의 소중한 친구가 되어 주었으면 했어. 그 희망이 이루어져서 기뻤는데, 멀리 떠난다고 생각하니 가슴이 아파. 그래도 우리 잊지 말고 서로 소중한 친구로 기억하도록 하자. 안녕.

너의 소중한 친구 정원이가.

김서연에게

안녕? 서연아.

네가 중국으로 떠난 지 꼭 일주일이 되었어. 1학년 때는 네가 새침데기라고 생각했어. 2학년이 되어서 1학년 때 같은 반이었던 여자 친구는 딱 너 한 명이었어. 우리는 무엇이 재미있었던지 항상 웃고 떠들고 재잘거렸지. 하지만 절교도 자주 했지. '절교'를 몇 번이나 했는지 너는 기억하고 있니? 그런데 이상하다. 무엇 때문에 절교를 했는지 전혀 기억도 나지 않아. 지금은 네가 없는 2학년 1반 교실이 허전하고 쓸쓸해.

우리 다시 만나는 그날에는 조그만 우리 키도, 토닥토닥 싸우던 우리 마음도 쑥쑥 커서 만나자. 그럼 안녕!

여름

잔소리 들은 날
– 대화 일기

방학이 되면 엄마랑 같이 있는 시간이 많으니까 잔소리도 자주 듣게 돼요.
어떤 일로 잔소리를 들었는지 대화글로 써 보세요.

콩콩 쓰는 오늘 일기

❶ 날짜와 날씨를 써요.

· 날짜 : 8월 9일   · 날씨 : 꾸중 땜에 더 더운 날

· 제목 : 엄마의 잔소리는 지겨워! 

❷ 제목을 써요.

엄마 : 너 왜 그렇게 빈둥대니?

나 : 내가 뭘?

엄마 : 책도 읽어야 하고 숙제도 해야 하는 거 아냐?

나 : 아직 방학 많이 남았는데 왜 그렇게 서두르는데?

❸ 엄마가 어떤 일로 잔소리를 했는지 대화글로 써요.

엄마 : 벌써 8월인데 뭐가 많이 남았어? 방학 되었다고 그렇게
　　　빈둥대면 안 되지. 아까운 시간 알차게 써야지.

나 : 아휴, 알았어.

엄마 : 알긴 뭘 알아?

❹ 나의 마음을 솔직하게 쓰고 앞으로 어떻게 할지 써요.

엄마도 실컷 놀았을 텐데, 왜 내가 노는 건 이해를 못 할까? 시간
을 알차게 보내야 하는 건 맞는 말이지만 무조건 잔소리 하시는 건
싫다. 하지만 내일부터는 열심히 하는 모습을 보여줘서 꼭 칭찬을
받아야겠다.

엄마의 잔소리는 끝이 없어요. 하지만 잔소리를 아예 듣지 않으면 우리는 할 일을
제대로 못 할지도 몰라요. 또 어떤 잔소리를 들었는지 써 보세요.

친구와 문자 보내다가 잔소리 들은 날

엄마 : 아직도 문자 보내고 있니?

나 : 이것만 보내고.

엄마 : 벌써 몇 분째야?

나 : 친구가 수영장 어디 다니느냐고 물어봐
　　서 그래.

엄마 : 그 얘기가 왜 그렇게 길어?

나 : 자꾸 물어보잖아.

엄마 : 내일 도서관 가서 얘기하면 되잖아!

나 : 알았어.

엄마 : 집중을 못 해, 집중을!

나 : ……

방학인데 시험공부라니!

엄마 : 내일 영어 학원 시험 아니야?
　　공부 안 하니?

나 : 조금 있다가.

엄마 : 바로 내일인데 왜 급한 게 하나도
　　없니?

나 : 지금 하려고 하잖아. 짜증나! 방학
　　인데 또 시험이야!

엄마 : 방학이어도 시험이 있으면 공부
　　해야지!

나 : 알았다고!

엄마 : 물을 왜 그렇게 자주 마시니?

나 : 목마르니까.

엄마 : 화장실은 또 왜 그렇게 자주 가?

나 : 그럼 화장실도 못 가?

엄마 : 잘 되니?

나 : 쿨쿨~

엄마 : 정말 못 말리겠다. 일어나!

나 : 응~~~~ 쿨쿨~

여름 생각 몽글몽글
– 마인드 맵 일기

'여름' 하면 무엇이 떠오르나요? 장소, 음식, 동물, 날씨 등 연상되는 것들을 마인드맵으로 정리해 보세요.

콩콩 쓰는 오늘 일기

① 날짜와 날씨를 써요.

· 날짜 : 8월 11일   · 날씨 : 우리가 통돼지 바비큐가 될 뻔한 날

· 제목 : 여름이면 떠오르는 것들

② 제목을 써요.

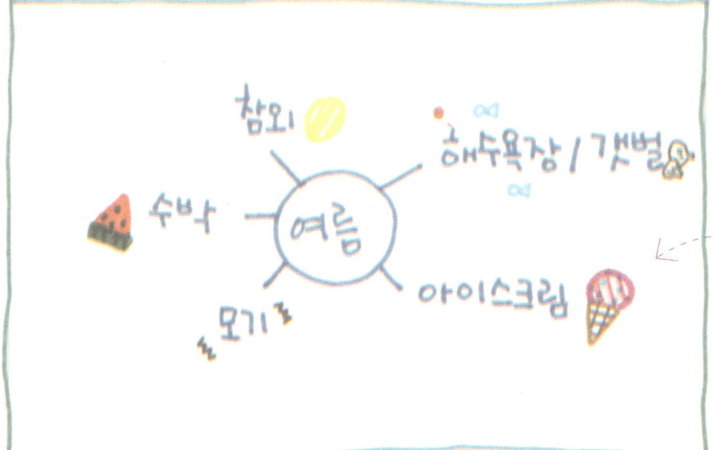

③ '여름'을 주제어로 마인드맵을 그려요. 글과 그림을 모두 넣어요.

톡톡 튀는 다른 소재와 표현

여름은 곤충과 식물에겐 천국이에요. 먹을 것도 많고 햇빛도 쨍쨍, 비도 시원하게 많이 내리니까요.
곤충과 식물을 주제어로 마인드맵을 그려 보세요.

여름에 볼 수 있는 곤충

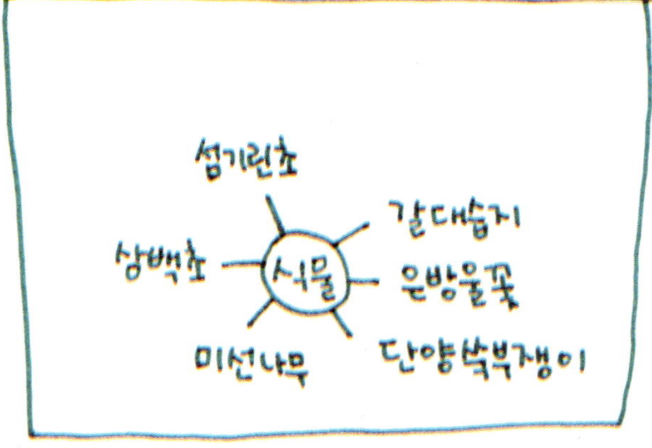

여름에 볼 수 있는 식물

여름

구구단을 외자~
수학 공부 한 날

여름방학은 그 동안 모자랐던 공부를 복습하고 2학기 공부를 예습하기에 좋아요.
어떤 공부를 했는지 써 보세요.

콩콩 쓰는 오늘 일기

❶
날짜와 날씨를
써요.

❷
제목을 써요.

❸
어떤 공부를
했고 무엇을
배웠는지 써요.

❹
앞으로의 공부
계획과 다짐을
써요.

· 날짜 : 8월 13일   · 날씨 : 햇빛 쨍쨍 바람 살랑살랑

· 제목 : 학습지 선생님 오신 날

　4시 30분쯤에 학습지 선생님이 오셨다. "소영아~" 부르시면서 타박타박 거실로 들어오셨다. 여느 날과는 달리 웬 낯선 선생님과 함께 오셨다. 선생님이 바뀌시면 어쩌나 속으로 살짝 걱정을 했다. 하지만 다행이다. 수업하는 것을 보러 오신 새내기 선생님이셨다. 새내기 선생님이 지켜보시니까 내 가슴이 쿵쾅쿵쾅 뛰고 심장도 덜컹 내려앉는 것 같았다. 선생님께서는 구구단을 외워보라고 하셨다. 2단부터 9단까지 계단을 내려가는 것처럼 콩콩콩콩 빠르게 외웠다. 10단까지도 쉬웠다. 11단까지도 그런대로 괜찮았다. 12단은 느린데다가 완벽에 가깝게 할 수도 없었다. 선생님께서도 어렵다며 그냥 숙제로 내 주셨다.

　다음에는 12단을 완벽히 외워서 계단을 내려가듯 콩콩 말할 것이다.

**여러 과목 중에서도 수학 공부를 제일 많이 하기도 하고 또 제일 어려워해요.
수학 일기를 써 보면 공부하는 재미가 조금은 붙을 거예요.**

수학 공부를 하는 방법

　수학 문제집을 풀었다. 엄마는 수학 공부하는 방법을 가르쳐 주셨다. 먼저 문제를 다 풀어 본다. 문제를 다 맞았는지 체크한다. 틀린 문제는 다시 한 번 풀어본다. 그래도 또 틀리면 풀이를 보고 이해한다. 틀린 문제는 오답을 정리한다. 문제를 그대로 쓰려면 힘드니까 문제는 오려서 붙인다. 오답 노트를 정리해 놓으면 나만의 노트가 된다. 그 오답을 쓰면서 이해하면 다음부터는 틀리지 않는다. 그 다음에는 문제집에서 핵심 요약된 부분을 꼼꼼히 읽고 이해한다. 마지막 단계는 교과서 문제를 보는 것이다.

　이렇게 공부하면 수학을 아주 잘할 수 있다고 한다.

‘수학은 너무 어려워’를 읽고

로리타에게

　로리타! 자전거를 타고 숙제를 풀은 건 잘했는데 정말 힘들었겠다. 그리고 파운드 케이크, 나 주면 안 돼? 너무 맛있을 것 같아서 우리 가족이랑 오순도순 나누어 먹고 싶단 말이야.

　로리타! 이제 자전거 타지 않고도 수학 문제 잘 풀 수 있지? 이제 그럴 수 있을 거야. 난 널 믿게 되었어. 나도 앞으로는 수학 문제를 풀 때 즐거운 마음으로 풀 거야. 너를 보고 그걸 깨달았어.

　그럼, 안녕!

여름

운동 실력 높인 날

방학은 운동 실력을 높이기에 좋은 기회예요. 시간이 많으니까 줄넘기처럼 평소 급수가 있는 운동에 도전한 일을 써 보세요.

콩콩 쓰는 오늘 일기

1 날짜와 날씨를 써요.

- 날짜 : 8월 16일 · 날씨 : 화창하고 맑음
- 제목 : 팔 엇걸었다 풀기 성공!

2 제목을 써요.

　태권도장에 갔다. 오늘은 줄넘기를 하는 날이다. 오늘의 미션은 팔 엇걸었다 풀기! 사부님이 자세히 가르쳐 주신 다음에 3개만 성공해 보라고 하셨다. 시언이는 성공했다. 너무 부러웠다. 나는 2개에서 자꾸 걸리는 것이었다. 창피하기도 하고 속도 상했다.

3 어떤 운동을 했는지, 어려운 점은 없었는지 써요.

　집에 와서 많은 시간을 연습했다. 시간이 지나면서 20개를 넘겼다. 너무 놀라웠다. 그것보다 더 어려운 팔 엇걸어 뛰기는 30개도 넘을 수 있었다.

　이제는 팔 엇걸었다 풀기를 할 수 있게 되어 너무너무 기쁘다. 나도 할 수 있다는 걸 알게 되어서 정말 행복하다. 더 열심히 연습해서 줄넘기 특급도 따야겠다.

4 운동을 한 소감을 쓰고 앞으로의 도전과 목표도 적어요.

운동을 하다 보면 점점 몸에 익숙해져서 잘할 수 있게 돼요. 또 다이어트도 할 수 있고요.
운동의 이모저모를 겪거나 생각한 후 일기에 써 보세요.

줄넘기의 마법을 풀다!

　내가 못했던 줄넘기 마법을 풀었다. 어떻게 풀었냐면 방학 때 줄넘기 특강을 했다. 이제 박자에 맞추어 잘 넘는다. 뜨거운 햇볕이 쨍쨍한 날 누나와 함께 스포츠센터에서 일주일에 두번 배웠다. 그 곳은 에어컨이 없어서 땀이 줄줄 흘러 내렸다. 하지만 꾸준히 해서 넘게 되었다.

　줄넘기를 더 잘해서 쌩쌩이도 하고 특급도 따야겠다. 어려운 X자도 연습을 많이 해서 잘할 것이다. 줄넘기를 해서 키도 쑥쑥, 몸도 튼튼해졌으면 좋겠다.

운동을 해야지!

　지난번에 병원을 갔다. 의사선생님께서는 사춘기가 빨리 온 것 같다고 3개월 동안 3Kg을 빼오라고 하셨다. 그러나 빼기는 커녕 오히려 체중이 조금 늘어 걱정이다. 게다가 친구들, 특히 남자아이들이 살 빼라고 얘기를 할 때는 정말 속상하다. 집에 와서 엉엉 운 적도 있다.

　이번 주부터 엄마가 퇴근해서 돌아오시면 함께 학교에 가서 운동장 다섯 바퀴를 걷기도 하고 뛰기도 했다. 아직은 체중의 변화가 없다. 하지만 꾸준히 하면 언젠가는 효과가 있을 것이다.

책 읽었다! 독서한 날
– 독서 일기

더위를 이기는 비법 중 하나는 책을 읽는 거예요. 책 속에 쏙 빠지면 더운 줄도 모르지요.
책을 읽고 알게 된 점과 느낌을 일기에 써 보세요.

콩콩 쓰는 오늘 일기

① 날짜와 날씨를 써요.

- 날짜 : 8월 18일 · 날씨 : 짜증나게 덥고 축축
- 제목 : '고조선의 첫 임금 단군왕검'을 읽고 

② 제목을 써요.

　'고조선의 첫 임금 단군왕검'을 읽었다. 처음에는 단군왕검이 누군지 잘 몰라서 호기심이 가득한 얼굴로 책을 읽기 시작했다. 책 내용이 신기하기만 했다. 환웅이 하늘에서 내려왔다니 정말일까 궁금하기도 했다. 환웅 천왕이 다스리는 땅 가까이에는 곰과 호랑이가 있었다. 사람이 되고 싶어서 환웅 천왕님께 사람으로 만들어 달라고 했다. 쑥 한 줌과 마늘 20개를 주며 100일 동안 햇빛이 들지 않는 곳에서 이것만 먹고 지내라고 했다. 곰은 잘 참고 먹었지만 호랑이는 뛰쳐나가서 사람이 될 수 없었다.

③ 책을 읽고 궁금한 점 중심으로 줄거리를 간단히 요약해요.

　곰이 사람이 되기 위해서 쓰고 매운 쑥과 마늘을 먹는 장면이 인상적이었다. 힘들어도 참고 견디면 좋은 일이 생긴다는 것을 깨닫게 되었다.

④ 어느 부분이 인상적이었는지 쓰고, 느낀 점도 써요.

책을 읽고 주인공과 나를 비교해 보세요.
그러면 주인공의 마음을 잘 이해하게 되고 나에 대해서도 더 잘 알게 될 거예요.

'못된 동생'을 읽고

컴퓨터 수업이 끝나고 터벅터벅 도서관으로 향하였다. 도서관에 들어서니 반짝반짝 책들이 나를 반겨주었다. 그 중에서 표지에 두 친구가 손을 잡고 있는 모습에 끌려서 냉큼 그 책을 잡았다. 제목은 <못된 동생>이다.

주인공 '나'는 누나 일기장을 훔쳐보고 일기장 내용을 말하고 다닌다. 누나는 슬슬 동생을 피해 다녔다. 친구집에 가서 숙제 하고 새벽같이 일어나 학교에 갔다. '나'는 누나의 화를 풀어 주려고 했지만 누나는 머리끝까지 화가 나 있었다. '나'는 누나가 올 때까지 기다렸다가 누나에게 사과를 하였다. 누나는 울랄라 춤을 추라고 한다. '나'는 춤을 춘다. 누나는 배꼽을 잡고 깔깔깔 웃어댄다. 그래서 누나와 '나'는 사과를 하는 내용이다.

정말 나쁜 동생이다. 누나 일기장을 훔쳐보고 일기장 내용까지 말하고 다니다니, 나는 그런 나쁜 동생이 되지 않을 것이다.

'나쁜 어린이표'를 읽고

'나쁜 어린이표'라는 책을 읽었다. 이 책을 읽고 느낀 점이 있다. 난 이건우처럼 말썽을 부리지 않고 친구들과 사이좋게 잘 지낼 것이다. 이건우는 말썽을 부려 선생님께 꾸중을 듣는다. 착한 일을 많이 해서 선생님께 칭찬 받는 내가 될 것이다. 건우도 지금쯤은 후회를 하고 있을 것이다. 내가 억울한 일이 있으면 선생님께 정직하고 똑바로 말해야 한다. 그렇지 않으면 선생님께서는 이해도 안 해 주시고 해결도 할 수 없을 것이다.

앞으로 친구들도 많이 도와주고 사이좋게 지낼 것이다.

여름

영화관 나들이
–영화 일기

가족들과 종종 영화를 보러 가기도 하지요. 함께 영화를 본 후, 그 내용과 느낌을 써 보세요.

콩콩 쓰는 오늘 일기

① 날짜와 날씨를 써요.

- 날짜 : 8월 22일   · 날씨 : 찜통 같이 푹푹 찐 날

- 제목 : '감기' 영화를 보고 감기에 걸린 날 

② 제목을 써요.

　　우리 가족은 영화관으로 총총총총 걸어갔다. '감기' 영화를 보기로 했다. 이 영화의 줄거리는 외국인인 몽싸이가 감기 바이러스에 걸려서 분당지역 사람 모두가 감염되어 죽어가는 이야기이다. 일반 감기와는 다른 아직까지 밝혀지지 않은 감기라 고치지도 못하고 이 감기에 걸리면 모두 죽는다. 다른 지역 사람들한테도 옮을까 봐 분당을 아예 폐쇄시켰다. 주황색 선까지 넘으면 총으로 쏘려고 했는데, 이때 어린 미르가 엄마한테 총을 쏘지 말라고 막아선다. 대통령도 이 상황을 지켜보고 있다가 발사 명령을 취소했다.

③ 어떤 내용의 영화인지 간단하게 줄거리를 써요.

　　이 영화는 재미있기도 하고 무섭기도 해서 정말 실감났다. 신기한 일은 '감기' 영화를 보고 내가 감기에 걸린 거다. 영화만 봐도 감기에 감염되나 보다.

④ 영화를 보고 난 후의 감상을 써요.

친구들과 함께 영화를 보는 것도 참 즐거운 일이에요.
어떤 영화를 보았고, 어떤 일이 있었는지 써 보세요.

나도 피터 팬이 되고 싶어!

'피터 팬'을 보았다. 피터 팬이 웬디를 데리고 네버랜드로 날아갈 때 나도 같이 날아서 피터팬의 친구들을 보고 싶었다. 나라면 해적들이 웬디와 친구들을 잡아갔을 때 폭탄을 터뜨렸을 것이다. 해적들이 공중에서 덤블링하게 하고 슈웅~ 여기저기로 날려 보냈을 것이다.

내가 피터 팬이 되어 날 수만 있다면 얼마나 좋을까? 예전의 보물섬과는 정 반대이다. '보물섬은 재미없지, 썰렁하지, 쉬는 시간도 없었다. 피터 팬은 재미있지, 개그도 잘하지, 쉬는 시간도 있지, 연기도 잘하지' 완전 정반대다. 피터 팬은 정말 볼만 했다. 재미있었다.

'에픽 : 숲속의 전설'을 보고

이 영화의 주인공은 '노드'이다. 반항적인 숲의 전사이다. 가장 신비롭다고 여겨진 장면은 꽃잎이 살아 움직이고 달팽이가 말을 할 때였다. 나뭇잎 갑옷을 입은 전사들이 있는 신비로운 생명 숲! 우연히 정체불명의 소용돌이에 휘말린 MK는 새로운 숲속 세계로 빠져든다. 하지만 악당들의 공격으로 모든 것이 파괴될 위기를 맞는다. 결국에는 맨드레이크가 죽는다. 아쉽게도 숲의 파괴자들 때문에 숲의 여왕 '타라'가 목숨을 잃는다. 살아 움직이는 어린 꽃이 여왕이 된다.

타라가 너무 불쌍하다는 생각이 들었다. 아쉽고 감동적이기까지 했다.

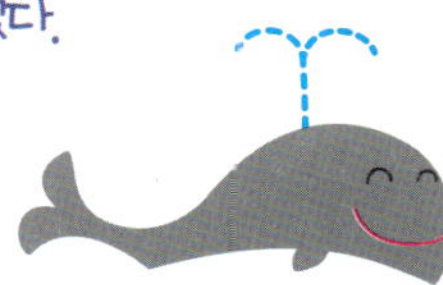

사슴벌레가 자라는 모습
– 관찰 일기

곤충을 키우고 있나요? 아니면 근처 풀숲에서 자그마한 벌레들을 본 적이 있을 거예요.
생김새나 움직이는 모습 등을 자세히 관찰한 뒤 일기에 써 보세요.

콩콩 쓰는 오늘 일기

① 날짜와 날씨를 써요.

② 제목을 써요.

③ 곤충의 생김새와 좋아하는 음식 등을 자세하게 써요.

④ 새로 알게 된 점과 느낀 점을 써요.

· 날짜 : 8월 27일 · 날씨 : 내 머리가 불덩어리처럼 활활 타오른 날

· 제목 : 사슴벌레 키우기 

　　8월 6일에 외할머니께서 4마리의 사슴벌레를 잡아주셨다. 그때부터 사슴벌레를 키우게 되었다. 3마리의 사슴벌레는 4Cm 정도 되고, 나머지 한 마리는 7Cm 조금 못 되는 왕사슴벌레이다. 사슴벌레는 처음에 밤색이었는데 점점 자라면서 검은색으로 변했다. 사슴벌레한테는 톱밥을 깔아줘야 한다. 왜냐하면 먹을 게 없을 때 톱밥을 조금씩 먹기 때문이다. 사슴벌레가 가장 좋아하는 음식은 바나나이다. 곤충젤리도 줘 봤는데 그 뒷날 찌꺼기 하나 없이 다 먹어치웠다. 사과도 잘 먹고 복숭아도 잘 먹는다.

　　사슴벌레는 단 과일을 좋아한다는 걸 알게 되었다. 앞으로도 사슴벌레한테 맛있는 과일을 많이 줄 것이다. 잘 키워서 아기 사슴벌레가 태어났으면 좋겠다.

살아 있는 모든 생명은 다 소중해요. 생명을 아끼고 사랑하는 마음으로
작은 동물을 키우면서 자세히 관찰한 후에 일기를 써 보세요.

초롱이 구피

내가 키우는 구피는 암컷이며, 지느러미와 눈이 크고 임신을 했다. 특기는 허우적대기, 째려보기, 팔딱거리기 등이다. 색은 무지갯빛이며 입은 붕어 같이 생겼다. 이 구피는 먹이를 주면 안 먹고 한밤중에만 먹는 이상한 식습관이 있다. 또 몸색이 투명해서 척수뼈가 비치기도 한다. 구피가 아기를 많이 낳고 오래오래 살았으면 좋겠다. 구피의 이름은 나를 째려봐서 째롱이(첫 번째 이름), 눈이 커서 왕눈이(두 번째 이름), 허우적대서 허둥이(세 번째 이름), 그리고 지금 부르는 초롱이 이렇게 4가지이다.

초롱이가 많이 컸으면 좋겠다.

호랑거미를 발견하다

학교에서 거미를 발견했다. 시후가 호랑거미라고 했다. 몸에 노랑과 검정 무늬가 있어서 그렇게 부른다고 했다. 거미는 한참을 바쁘게 돌아다니더니 그물을 만들기 시작했다. 우리는 그 모습이 무척 신기했다.

거미에 대해 자세히 알고 싶어서 조사해 보았다. 거미는 다리가 8개이다. 실젖으로 거미줄을 만든다. 더듬이는 없고 더듬이다리는 1쌍이다. 날개도 없고 눈은 홑눈이다. 먹이를 먹는 방법이 신기했다. 소화액으로 먹이를 녹여 먹는다.

거미에 대해 많은 걸 알게 되어 기쁘다.

1

· 날짜 : 6월 9일   · 날씨 : 하루종일 집에 있어서 모름

· 제목 : 매달리기 선수 팥빙수

너무 더워서 집에서 팥빙수를 만들어 먹었다. 얼음이 없어서 우유 아이스크림을 갈아서 만들었다. 예쁜 컵에 아이스크림을 담아서 밤과 팥, 떡을 넣어 섞고 콘푸라이트를 뿌려 먹었다. 고소하고 바삭바삭하고 달았다.

특히 떡이 오래 매달려 있기 시합을 해서 내가 수십 번이나 씹어야 했다. 너무 힘들었다. 아빠는 영화를 보고 엄마는 일을 해서 나만 혼자 실컷 먹었다. 욕심 부려서 크게 한 술을 펐다가 머리가 띵하기도 했다. 역시 더울 때 먹는 팥빙수가 최고이다.

2

- 날짜 : 7월 30일
- 날씨 : 해가 쨍쨍
- 제목 : 과잉치 뽑은 날

과잉치를 뽑은 날이다. 무지 아팠는데 울지는 않았다.

엄마는 내가 과잉치를 뽑았다고 선물을 사주셨다. 책과 레고를 사주셨다.

책은 '한자도둑'을 사주셨고, 레고는 키마 독수리 전투기를 사주셨다. 과잉치는 보통 이보다 두 배로 크다. 그러다 보니 아픔도 두 배였다. 하지만 난 울지 않았다. 선물을 받으려고 끝까지 참았기 때문이다.

3

- 날짜 : 8월 13일
- 날씨 : 해가 쨍쨍
- 제목 : 내가 가장 좋아하는 연예인

내가 가장 좋아하는 연예인은 김종국이다. 왜냐하면 힘이 좋고 노래도 잘하고 달리기도 잘 하기 때문이다. 〈런닝맨〉에서도 호랑이로 통한다.

두 번째로 좋은 연예인은 이광수다. 왜냐하면 키도 크고 웃기기 때문이다. 기린처럼 크고 겅중겅중 다닌다.

내가 좋아하는 연예인이 〈런닝맨〉 프로그램에 나오기 때문에 나는 〈런닝맨〉을 꼭 본다.

〈런닝맨〉을 보고 있으면 마음껏 웃을 수 있어서 행복하다.

4
- 날짜 : 8월 11일　· 날씨 : 여우비가 나한테 내린 날!
- 제목 : 멜로디언은 신기한 악기야!

　방학숙제로 멜로디언 악기를 만나게 되었다. 나는 피아노도 못 치고, 도레미파솔라시도도 모르니까 어떤 악기든 어렵다. 하지만 멜로디언은 정말 신기한 악기이다. 왜냐하면 피아노는 입으로 불지 않는데, 멜로디언은 후후 입으로 불면서 건반을 치기 때문이다. 마치 피아노를 작게 만들어 놓은 것 같다. 내가 모은 용돈으로 사서 그런지 더 소중하게 느껴진다.

　거기다가 케이스도 뽀송뽀송하고 내가 좋아하는 색깔이다.

　열심히 연습해서 멋진 연주를 해야겠다.

5
- 날짜 : 8월 20일　· 날씨 : 해가 덥게 만드는 날
- 제목 : 꼭두각시

　집에 가기 전에 꼭두각시 연습을 했다. 애들은 창피해서 안 하려고 했다. 그런데 선생님께서는 꼭 하라고 하셨다. 나는 짝꿍도 없이 해서 더더욱 쓸쓸했다. 선생님께서는 투명인간이 있는 것처럼 하면 된다고 하셨다. 하다 보니 꽤 재미있기도 했다. 아이들과 함께 춤을 추는 것이 말이다.

　9월에 부모님 앞에서, 또 많은 사람들 앞에서 이 춤을 추어야 한다. 벌써부터 걱정이 앞선다. 잘할 수 있도록 열심히 연습해야겠다.

6

• 날짜 : 8월 25일　　• 날씨 : 태풍이 오는 날

• 제목 : 시원한 부채 만든 날

오후에 비가 그쳤다가 내렸다가 오락가락했다. 조금 있다가 학교 끝나고 나서 종이접기 학원을 갔다. 냅킨으로 부채를 만들었다. 다 만들고 난 후에 풀로 붙이고 드라이기로 꼼꼼히 말렸다. 다음에는 부채를 가지고 피아노 학원에 갔다.

피아노 선생님이 내가 만든 부채로 얼굴에 바람을 일으키고 있었다. 시원하시냐고 물어보았더니, 아주 시원하다고 하셔서 기분이 좋았다.

7

• 날짜 : 8월 27일　　• 날씨 : 햇빛 쨍쨍 바람 씽씽, 이제 여름 물러가라!

• 제목 : 씽씽 꽁꽁 아이스크림

〈이웃〉 책에 마을 둘러보기가 있어 학교 바깥을 둘러보다가 선생님께서 아이스크림을 사주셨다. 교실로 들어가기 전에 아이스크림 중에서 버블샷을 먹고 싶었는데 못 먹고 슈팅스타를 먹었다.

나랑 똑같은 것을 먹은 아이도 있고, 거북알, 빠삐코를 먹는 친구도 있었다. 하지만 거북알은 잘 터진다. 한 번 흘러나오면 정신없이 바쁘게 먹어야 한다. 당황스럽기도 하지만 정신없이 먹을 때 재미있기도 하다. 아이스크림을 반만 먹고 탁연우한테 주었다.

여름에 아이스크림을 먹으니까 마음까지 꽁꽁 언 것 같다.

8

· 날짜 : 8월 29일　· 날씨 : 삼겹살될 것 같은 날

· 제목 : 구슬

　백화점에 갔다. 그곳에 간 이유는 어제 '수정 구슬' 하나를 사고 두 개를 더 사고 싶어졌기 때문이다. 어제 '수정 구슬'을 산 가게에 가서 '자수정 구슬'과 '캣츠아이 구슬'을 샀다. 그런데 '캣츠아이 구슬'이 너무 커서 좀 작은 것으로 바꿨다. 외할머니는 '자수정 건강 팔찌'를 사셨다. 엄마는 아무것도 안 사셨다. 엄마도 사셨으면 좋았을 것을 조금은 안되셨다는 생각이 들었다.

　하지만 보석 구슬 세개를 가지니 기분이 좋았다.

　참 즐거운 쇼핑이었다.

9

· 날짜 : 8월 30일　· 날씨 : 하늘이 한쪽은 웃고 한쪽은 찡그린 날

· 제목 : 샬라샬라 중국어

　요즘 중국어를 배우는데 발음이 참 어렵다. 하지만 재미있기도 하다. 왜냐하면 성조가 있기 때문이다. 1성은 평으로 내는 음인데, 뒤에 음절에 성조가 없으면 뚝 떨어진다. 2성은 끝을 올리는 음이다. 3성은 꺾어서 내는 음이다. 그런데 변덕쟁이이다. 왜냐하면 앞에 3성이 있고 다른 성조가 있으면 반 3성으로 내기 때문이다. 마지막으로 4성은 소리를 지르는 것이다. 중국어를 공부할 때는 발음을 잘 알아야 한다.

　열심히 연습해서 중국어 발음을 잘 해야겠다.

10

- 날짜 : 8월 31일   · 날씨 : 매우 더움

- 제목 : 세계여행을 할 수 있다면 어디가 좋을까?

　내가 만약 세계여행을 할 수 있다면 어디가 좋을까를 생각해 보았다. 나는 미국으로 가고 싶다. 왜냐하면 미국이 우리나라를 제일로 많이 도와주었기 때문이다. 또 미국은 힘도 세고 착하다. 가고 싶은 곳도 많다. 세계 최초로 지정된 옐로스톤 국립공원도 가 보고 싶다. 최대의 협곡인 그랜드캐니언 국립공원도 가 봐야지. 오른손에는 횃불, 왼손 에는 독립선언서를 들고 있는 자유의 여신상도 바로 앞에서 보고 싶다.

　그 다음 가고 싶은 나라는 독일이다. 내가 좋아하는 축구를 엄청 잘하기 때문이다. 독일 축구 대표팀을 만나 보고 싶다. 우승컵을 받았을 때 어땠냐고 꼭 물어보고 싶다.

가을

가을 가을 가을
주황감이 주렁주렁 매달렸네.

가을 가을 가을
호두알이 아작아작 씹어지네.

가을 가을 가을
밤송이가 쩍쩍쩍쩍 벌어지네.

가을 가을 가을
단풍잎이 우수수수 떨어지네.

가을 가을 가을
허수아비 팔랑팔랑 들판을 지키네.

알록달록 우리 가족

**가족의 성격을 색깔로 표현해 볼까요? 생김새, 성격, 특징 등을 두루 종합하여 저마다
어떤 색깔이 어울리는지 써 보세요.**

콩콩 쓰는 오늘 일기

① 날짜와 날씨를 써요.

- 날짜 : 9월 2일   · 날씨 : 해님이 띵가띵가 춤추는 날

- 제목 : 우리 가족을 색깔로 표현하면?

② 제목을 써요.

　우리 가족을 색깔로 표현해 보았다. 우리 가족은 엄마, 아빠, 오빠, 그리고 나이다. 엄마는 나한테 친절하다. 하지만 내가 엄마를 화나게 했을 때는 으르렁거리신다. 억지로 참을 때면 콧구멍도 벌렁거린다. 그래도 순할 때가 많으니까 엄마는 분홍색이다. 아빠는 평소에는 나하고 잘 놀아주지만 화났을 때는 엄격하고 무섭다. 아빠는 검은색이 어울린다. 검은색은 왠지 '카리스마'와 잘 어울린다는 생각이 들기 때문이다. 오빠는 얼굴 표정이 조금 무뚝뚝하다. 하지만 마음은 태평하다. 그래서 평화로운 느낌의 초록색이 어울린다. 그러면 나의 색깔은? 빨강이다. 항상 많이 뛰어놀아서 얼굴이 빨갛기 때문이다.

③ 가족의 성격을 쓰고 성격에 어울리는 색깔도 써요.

　이렇게 가족들을 색깔로 표현해 보니까 재미있었다. 또 잘 어울리는 것 같아 신기하다. 색깔은 색깔일 뿐인데 저마다 느낌이 있는 것 같다. 다음엔 친구들도 어떤 색깔이 맞는지 생각해 봐야겠다.

④ 가족을 색깔로 표현해 본 느낌을 써요.

다른 친구들도 가족을 색깔로 표현해 보았어요. 색깔과 가족의 특징을 잘 연결해서 써 보세요.

우리 가족을 색깔로 표현해 보면?

우리 가족은 아빠, 엄마, 누나, 나이다. 아빠는 어느 때는 친근하고 어느 때는 화를 낸다. 아빠가 친근할 때는 하얀 눈처럼 푸근하다. 화를 낼 때는 검정색처럼 온통 어둡기만 하다.

엄마도 어느 때는 좋고, 어느 때는 싫다. 좋을 때는 빨간 물감처럼 부드럽고 예쁘고, 싫을 때는 답답한 갈색 같다. 누나는 어느 때는 친절하고, 또 어느 때는 완전 짜증난다. 친절할 때는 하얀색처럼 깨끗한 천사이고, 짜증날 때는 불난 빨간색이다.

나는 그저 그렇다. 나를 색깔로 표현하면 하얀색이다. 깨끗한 느낌의 하얀색이 좋다.

자연의 색, 초록 가족

우리 가족을 색깔로 표현해 보았다. 우리 가족은 엄마, 아빠, 오빠, 나이다. 엄마는 기쁠 때는 천사처럼 하얗고, 무서울 때는 악마같이 검다. 아빠는 항상 기분 좋게 핑크빛 웃음을 지으신다.

오빠는 나랑 재미있게 같이 놀 때는 초록색 마당색깔과 같다. 우리 가족은 나를 환한 노란색 웃음으로 맞이해 준다. 우리 가족에게 어울리는 색은 초록색이다. 왜냐하면 자연으로 만들어진 집에서 화목하게 지내기 때문이다.

가을

특별한 나의 생일

생일은 내가 세상에 하나뿐인 특별한 사람이라는 걸 느끼게 해 주어요.
생일날 무슨 일이 있었는지 일기에 써 보세요.

콩콩 쓰는 오늘 일기

① 날짜와 날씨를 써요.

- 날짜 : 9월 4일   - 날씨 : 햇빛 쨍쨍 바람 살랑

- 제목 : 특별한 나의 생일

② 제목을 써요.

　두근두근! 드디어 오늘이다. 내 생일파티 하는 날! 콩콩 빨리 뛰어서 키즈 카페로 갔다. 친구들이 다 모여 있었다. 건우, 지현이, 하린이, 희원이, 민서, 나. 이렇게 모두 여섯 명이다.

③ 생일날 일어난 일을 차례대로 써요.

　"얘들아, 우리 전쟁놀이 하자." 우리는 세 명이 한 팀이 되었다. 전쟁놀이가 시작되었다. 쿵쾅쿵쾅! 나는 지하 여장군이 되었다.

　"꼼짝 마! 움직이면 쏜다!" 그랬더니 건우는 총을 맞고 쓰러지는 척 해 주었다. 아이들도 전쟁놀이에 흠뻑 빠져 시간가는 줄 몰랐다.

　소풍놀이, 소꿉놀이도 했다. 마지막으로 우리 집으로 우르르 몰려갔다. 우리는 30분 동안 집에서 놀았다. 파, 무, 배추, 고구마를 캤다.

④ 생일파티를 마친 후 어떤 기분이 들었는지 써요.

　시간이 너무 짧아서 아쉽긴 했지만 일 년 중 가장 기쁜 날이었다. 정말 신나는 하루였다. 벌써부터 내년 생일이 기대된다.

**친구의 생일파티에 가 본 적이 있나요? 어떤 놀이를 하고 어떤 일이 있었는지
기억에 남는 사건 중심으로 써 보세요.**

생일 파티 절교 사건

학교 끝나고 세영이 생일파티에 갔다. 음식이 가득 차려져 있었지만 피자 한 조각과 치킨 한 조각을 먹었다.

〈런닝맨〉 프로그램을 따서 '런닝맨 게임'을 했다. '런닝맨 게임'을 하다가 재이가 먼저 간 줄 알고 엘리베이터를 탔다. 문이 닫히는 순간, "야!" 재이가 소리쳤다. 이미 출발을 해 버렸다. 조금 있다가 재이가 내려왔는데, "엘리베이터가 닫히는 순간 너랑 절교하려고 했어. 그리고 네가 자꾸 다른 친구들하고만 노니까 내가 화났었잖아."하며 화를 냈다. 생일 파티에 가서 친구와 절교할 뻔했다. 하지만 곧 오해를 풀었다.

재이야, 우리 계속 친하게 잘 지내자!

루미의 생일

루미네 집에서 파티를 하였다. 루미의 생일 파티! 얼마나 신나게 놀았는지 집에 오니 온몸이 땀에 흠뻑 젖어 있었다. 경찰놀이, 노래 부르기, 숨바꼭질, 무궁화꽃이 피었습니다 놀이를 하였다.

루미는 "내 생일에 와 주어서 고마워."하며 우리에게 머리띠를 주었다. 우리도 각자 준비한 선물을 루미에게 주었다.

헤어질 시간이 되니까 너무 아쉬웠다. 하지만 괜찮다. 월요일에 또 만날 수 있으니까.

루미야, 월요일에 학교에서 보자~!

가을

'친구'로 지은 동시
– 동시 일기

친구와 함께 하면 즐거운 일이 많아요. 친구의 성격과 생김새를 가만히 떠올려 보고,
재미있는 말을 넣어 시를 써 보세요.

콩콩 쓰는 오늘 일기

1 날짜와 날씨를 써요.

· 날짜 : 9월 5일   · 날씨 : 낮은 덥고 밤은 춥다

· 제목 : 내 친구 서연이

2 제목을 써요.

새침데기 서연이

눈을 크게 굴리면
말똥말똥
입을 뻥긋하면
와르르르

3 친구의
생김새나
성격을 표현한
시를 써요.

내가 터벅터벅 걸으면
서연이가 졸졸졸 따라오고
서연이가 타박타박 뛰면
나도 콩콩콩 따라가네.

개미들도 덩달아
우릴 쪼르르 따라오지.

톡톡 튀는 다른 소재와 표현

친구는 나에게 어떤 존재인가요?

친구에 대한 생각과 느낌을 개성있는 동시로 써 보세요.

왕사탕 친구

친구는 나에게 왕사탕 같은 존재
왜? 불퉁불퉁 힘을 주니까

친구는 나에게 왕사탕 같은 존재
왜? 달근달근 달콤함을 주니까

친구는 나에게 왕사탕 같은 존재
왜? 꼬물꼬물 즐거움을 주니까

친구 소리

와글와글 무슨 소리일까요?
내 친구 수다떠는 소리

와작와작 무슨 소리일까요?
내 친구 과자 먹는 소리

쓱싹쓱싹 무슨 소리일까요?
내 친구 필기 하는 소리

타박타박 무슨 소리일까요?
내 친구 걸음 걷는 소리

가을

놀이터에선 안전을 지켜요~

우리 동네에도 놀이터가 있지요? 놀이터에서 놀 때는 안전을 지켜야 해요.

이를 실천해 보고 느낀 점을 써 보세요.

콩콩 쓰는 오늘 일기

①
날짜와 날씨를
써요.

· 날짜 : 9월 7일　· 날씨 : 해님이 내 얼굴을 살짝 들여다 본 날

· 제목 : 놀이터에서 안전하게 놀아보기 

②
제목을 써요.

　　학교 숙제로 놀이터에 갔다. 약속했던 우리 반 친구들이 하나둘 모여 들었다. 놀이터에는 미끄럼틀, 시소, 그네, 흔들목마, 정글짐, 줄사다리기 등 여러 가지 놀이기구가 있다. 우리는 학교에서 배운 대로 안전 규칙을 지키며 탔다. 미끄럼틀 반대로 올라가지 않기, 시소는 서서 타지 않기, 정글짐 위에서 장난치지 않기 등을 실천하며 놀았다. 선생님이 안 계신 데도 친구들은 자연스럽지가 않았다. 숙제이기 때문일까?

③
놀이터에서
무얼 하며
놀았는지 써요.

　　"얘들아, 우리 이제 그만 숙제하고 숨바꼭질 하자!" 그때부터 친구들과 신나게 숨바꼭질을 했다.

④
놀이터에서 논
후의 생각과
느낌을 써요.

　　놀이터에서 놀 때는 안전 규칙을 잘 지켜야 하는데, 그걸 계속 생각하면서 노니까 흥이 안 났다. 하지만 앞으로도 이런 숙제가 많았으면 좋겠다. 그럼 재미있기도 하고 직접 몸에 익히니까 좋은 것 같다.

놀이터에서 지켜야 하는 규칙을 몸에 익혔나요?
하나하나 익혀 보면서 놀이기구를 이용하고 논 일을 써 보세요.

수업시간에 간 놀이터와 운동장

놀이터에서 안전 규칙을 지키며 즐겁게 놀이하는 시간이었다. 운동장에 나와 보니 햇빛이 은은하고 바람도 살짝 불어 나뭇잎이 살랑거리는 모습이 예뻐 보였다.

구름사다리, 철봉, 정글짐을 하나하나 2분씩 탔다. 운동기구도 자전거 페달을 밟듯 쌩쌩 빨리 돌렸다. 이번에는 정소 미끄럼틀을 타려고 하는데 말벌이 있었다. "으악~!" 깜짝 놀랐다. 친구들도 무서워 벌벌 떨었다.

수업시간에 놀이터에서 노니까 재미있었다. 다음에도 또 놀고 싶다.

동화와 놀이터에서 중국매미를 잡다

놀이터에 갔다. 동화는 제일 먼저 그네로 가서 서서 그네를 탔다. 꼭 떨어질 것만 같았다. "알림장 3번에 놀이터의 규칙 잘 지키며 놀기라고 쓰여 있으니 그네는 앉아서 타!"라고 충고했다. "그럼 우리 매미 잡자!"라고 동화가 말했다.

매미채로 중국매미를 잡았다. 세어 보니 꽤 많은 숫자였다.

우리는 이 매미들을 묻어 주기로 했다. 그런데 땅을 팔 수가 없었다. 대부분 지렁이가 죽어 있어서 무덤 만드는 것을 포기했다.

우리 선생님은 정말 좋으시다.

왜냐하면 노는 것을 숙제로 내주셨기 때문이다.

즐거운 하루였다.

가을

보름달 뜨는 추석이 좋아

추석하면 무엇이 가장 먼저 떠오르나요? 보름달, 반달 같은 송편, 차례 지내기 등 여러 가지가 있을 거예요.
추석날 있었던 일을 일기에 써 보세요.

콩콩 쓰는 오늘 일기

① 날짜와 날씨를 써요.

· 날짜 : 9월 19일   · 날씨 : 해가 반짝 바람 솔솔

· 제목 : 추석에는 송편을 빚어요!

② 제목을 써요.

　　드디어 기다리고 기다리던 추석이다. 송편도 빚고 재미있게 놀 생각에 기분이 들떴다. 송편을 빚을 때 나도 같이 빚었다. 동물을 좋아해서 동물 모양으로 빚었다. 코끼리, 너구리, 토끼의 특징을 잘 나타내니까 그럴 듯했다. 코끼리는 코를 길게 하고 토끼는 귀를 길게 만들었다. 밤에는 달을 자세히 관찰해 보았다. 6시 즈음에 먹구름 사이에 보름달이 살며시 떠올랐다. 8시 이후에는 검은 구름과 흰구름 사이에 밝지는 않지만 노란 보름달이 나타났다. 하얀 것 같기도 했다. 잊지 않고 얼른 소원을 빌었다.

③ 추석을 어떻게 보냈는지 써요.

　　추석이 좋은 이유를 생각해 보았다. 설날처럼 용돈을 두둑하게 받으니까 좋다. 또 음식도 다 맛있다. 특히 송편이 참 맛있고, 달구경도 마음이 붕 뜨는 것 같아서 즐겁다. 추석날처럼 기쁜 날이 많았으면 좋겠다.

④ 추석을 보내며 어떤 생각이 들었는지 느낌과 함께 써요.

추석연휴에 우리 전통문화를 체험해 보는 것은 어떨까요?
한국민속촌에 가면 다양한 체험을 즐길 수 있어요. 또 친척집 방문도 써 보세요.

추석 체험은 한국민속촌이 최고~

드디어 내가 좋아하는 한가위가 되었다. 아빠는 한국민속촌에 가 보자고 하셨다. 간식도 많이 사고 물은 내 것만 챙겼다.

그곳에서 나랑 언니랑 새 모양 피리를 한 개씩 샀다. "이거, 어떻게 부는 거예요?"하고 물어보았다. 그 피리는 물이 있어야 불 수 있다고 말씀해 주셨다. 정말 신기한 피리이다.

해물파전이 유명하다는 집에도 갔는데 줄이 몹시 길었다. 많은 시간을 기다린 끝에 해물파전과 순대를 시켰다. 기다린 보람이 있었다. 아주 맛있었다. 다음에 한 번만 또 가고 싶다.

할아버지 댁에서 보낸 추석

추석연휴를 마치고 할아버지 댁에서 떠나는 날이다. 할아버지 동네를 가볍게 산책했다. 가벼운 운동도 했다. 산책하다가 운동기구를 이용하여 허리를 좌우로 흔들며 운동도 했다. 운동을 하다 보니 손이 더러워져 근처에 있는 수돗가에서 손을 씻었다.

집으로 돌아갈 때 호수를 보려고 했다. "엄마, 호수 보고 가면 안 돼요?"라며 막무가내로 졸랐다. 엄마는 걸어서 호수에 가려면 2시간이나 걸린다고 했다. 걸어서 2시간은 아무래도 무리다. 아쉽지만 다음에 들르기로 했다.

참, 할아버지 댁에서 송편을 빚었다. 깨를 넣은 송편은 정말 맛있다.

여유롭고 잔잔한 추석을 보냈다.

가을

흥미진진 현장학습 간 날

친구들과 함께 현장학습을 가는 날이에요. 어디로 가서 어떤 체험을 했는지 일기에 써 보세요.

콩콩 쓰는 오늘 일기

① 날짜와 날씨를 써요.

· 날짜 : 9월 21일　· 날씨 : 시원하기도 하고 춥기도 함

· 제목 : 현장학습

② 제목을 써요.

　현장학습을 가는 날이다. 버스 안에서 가는 내내 민석이랑 한참을 재잘거렸다. 드디어 '학 농원'에 도착했다.

　첫 번째로 마술을 봤다. 흐물흐물하던 막대기를 꼿꼿하게 만드는 게 신기했다. "우와~!"하는 감탄소리가 절로 났다. 바나나 보트도 탔다. 부딪힐 때가 제일 재미있었다. 고구마도 5개나 받았다. 고구마 캐기 체험도 해보려고 했는데, 비가 와서 하지 못해서 아쉬웠다. 그 다음에는 레크리에이션을 했다. 종목은 큰 공 뒤로 던지기와 파도타기 게임, 춤 대결이었다.

③ 현장학습에 가서 어떤 체험을 했는지 써요.

　이번 현장학습은 비가 와서 조금 아쉽기는 했지만 정말 즐거웠다. 강 만들기 게임을 할 때가 가장 재미있었다. 다음에는 고구마 체험도 꼭 해보았으면 좋겠다.

④ 현장학습에서 느낀 점과 다음 번에 하고 싶은 체험을 써요.

톡톡 튀는 다른 소재와 표현

현장학습은 언제나 즐거워요. 어떤 일이 가장 기억에 남나요?
현장학습에서만 경험할 수 있는 특별한 일을 써 보세요.

영화 같은 트랙터 마차 타고~ 안성팜랜드

우리 학교 2학년 단체로 안성팜랜드에 갔다. 안성팜랜드는 옛날에 한독목장이었다. 왜냐하면 독일이랑 한국이 같이 만들었기 때문이다. 그곳에서 트랙터 마차 타기, 쿠키 클레이, 도그 쇼 보기, 스토리 하우스 관람 등을 했다.

그 중에서 가장 기억에 남는 것은 트랙터 마차 타기였다. 트랙터 마차가 참 예뻤다. 그 마차를 타고 한 바퀴 도는 것이다. 플라타너스 나무 아래에는 사진 찍는 사람도 볼 수 있었다. 트랙터 마차를 탈 때에는 내가 영화속의 주인공이 된 것 같았다. 이번 현장학습은 독일의 풍경이 살짝 있어서 그런지 꽤 괜찮았다.

율봄 식물원에서 가을 체험하기

버스가 씽씽 달려 우리를 율봄 식물원으로 데려다 주었다. 먼저 선생님 소개 후 고구마를 캤다. 고구마는 땅에서 가까운 곳에 없고 깊숙이 있었다. 난 13개를 캤다. 두 번째로 벼를 탈곡했다. 기념으로 몇 알을 주머니에 챙겼다. 세 번째로는 토끼한테 먹이를 주었다. 거기에는 기니피그도 있었다.

점심을 먹은 후에는 밤을 주웠다. 난 한 봉지를 가득 채웠다. 그리고 마지막으로 레일 썰매를 탔다. 고구마 캐기, 벼 탈곡, 토끼 먹이 주기, 밤 줍기 등 가을에 할 수 있는 체험을 다 해 볼 수 있어서 즐거웠다. 친구들과 함께 할 수 있어서 더 재미있었다.

가을

신 나는 가을 대운동회

학교에서 하는 가을 행사 중에 으뜸은 가을운동회지요. 백팀과 청팀으로 나누어 어떤 경기를 겨루었나요?
운동회에서 있었던 일을 일기에 써 보세요.

콩콩 쓰는 오늘 일기

① 날짜와 날씨를 써요.

- 날짜 : 9월 27일　· 날씨 : 구름이 살짝 심술을 부림

- 제목 : 콩닥콩닥, 가을 대운동회

② 제목을 써요.

　두근두근! 운동회가 시작되었다. 우리 학년은 '우주 비행'을 했다. 우주 비행은 비행접시처럼 생긴 원반을 각자의 팀에 날려버리는 게임이다. 많이 날려버린 팀이 이긴다. 양팀 모두 최선을 다했지만 한 개 차이로 청팀이 이겼다. 포크댄스를 출 때는 연습 때보다 훨씬 더 잘했다. 폴짝폴짝 뛰면서 한 탓일까? 웃으면서 하니까 부모님들도 보기 좋으셨을 것 같다. 마지막 계주달리기 할 때는 목이 쉬도록 응원을 했다.

③ 운동회 때 어떤 경기를 했는지 써요.

　"백팀 이겨라! 백팀 이겨라~~~!!!"

　아쉽게도 청팀이 이겼다. 그것도 50점이나 차이 났다.

④ 운동회가 끝난 후 느낌과 소감을 써요.

　비록 지기는 했지만 운동장에서 마음껏 뛰어놀 수 있는 신나는 대운동회였다. 다음 운동회는 우리 팀이 꼭 이겼으면 좋겠다.

**운동회가 열리면 모두 들뜨고 정신이 없어요. 실수를 하기도 하고 의외의 기쁜 일도 생기지요.
이 중 마음에 남는 일을 써 보세요.**

운이 없다가 운이 좋게 끝난 운동회

가을 대운동회가 있는 날이다. 교실에 있다가 색동우산은 남자 임원이, 우리반 아이들이 손수 만든 응원도구는 여자임원이 들고 운동장으로 나갔다. 운동회 때 귀하신 손님들과 순수한 아이들의 학부모님들, 사진 찍는 분들이 오셨다.

우리 2학년은 우산 춤을 먼저 했다. 그런데 연습할 때는 안 망가지던 내 우산이 운동회 우산 춤을 출 때 망가져 버렸다. 망가진 걸 고칠 틈도 없어서 계속 고장 난 채로 할 수밖에 없었다. 속상한 마음이 들었다.

하지만 행운 당첨 번호 시간부터 기분이 좋아졌다. "216번!" 우리 엄마가 당첨된 것이다. 아주아주 기뻤다. 마지막에 전교생이 차밍 댄스를 췄다. 운이 없었다가 나중에는 운이 좋아서 정말 신나는 하루가 되었다.

네모나서 공이 잘 굴러가지 않아!

가을 대운동회 날이다. 나는 청군이었다. 첫 번째로 풍선 날리기를 했다. 풍선이 날아가는 모습이 아름다웠다. 우리팀이 이겼다. 날아가는 풍선처럼 내 마음도 훌쩍 날아갔다.

우리는 먼저 우산 춤을 추었다. 전교생 앞에서 하려니 부끄러웠다. 두 번째는 공굴리기를 했다. "우리 공은 바람이 빠져서 잘 안 굴러가는 것 같아!" 친구들도 한 마디씩 했다. 결국에는 우리 청군이 졌다. 우리 공이 네모나서 억울했다. 그 다음엔 개인 달리기를 했다. 난 2등을 했다.

수업을 하나도 하지 않고 운동만 하는 날이라서 즐거움이 팡팡 느껴졌다.

책 속의 보물, 도서관 행사

가을

가을에는 학교 행사가 많아요. 특히 책 읽는 계절이라 도서관에서 여는 행사가 많지요.
직접 참여해 보고 그 일을 일기에 써 보세요.

콩콩 쓰는 오늘 일기

① 날짜와 날씨를 써요.

- 날짜 : 10월 4일   · 날씨 : 쌀쌀한 가을바람 슝슝~

- 제목 : 책 속의 보물을 찾아라!

② 제목을 써요.

　지난주에 학교 반딧불이 도서관에서 '책 속의 보물을 찾아라!'
행사가 있었다. 어차피 되지도 않을 건데 안 하고 싶었다. 하지만
엄마는 해 보라고 하셨다. 터벅터벅 도서관으로 갔다.

③ 어떤 도서관 행사에 참여했는지 자세하게 써요.

　필독도서 중에서 어떤 책에 나온 문장인지 찾는 것이다. 책 제목,
지은이, 페이지를 적어낸다. '신나는 열두 달 명절 이야기'는 찾느라
시간이 걸렸다. '수학아 수학아 나 좀 도와줘', '나쁜 어린이 표', '가
슴 뭉클한 옛날이야기'는 재빨리 찾을 수 있었다. 두구두구두구두
구! 오늘이 추첨을 하는 날이다. 1학년이 끝나고 2학년을 부를 차례
가 되었다. 마음이 조마조마했다. 내 이름도 나왔다.

④ 행사를 마친 기분과 소감을 써요.

　내가 뽑혀서 아주 기쁜 날이었다. 다음에도 학교 행사가 있으면
꼬박꼬박 참여해야겠다. 이런 행운이 또 찾아올 수 있으니까.

도서관 행사 말고도 또 학교 행사가 있지요? 바자회도 있고, 전시회도 있을 거예요.
이런 행사에서는 어떤 일을 겪었는지 써 보세요.

쿠킹북을 얻은 도서 바자회

2교시에 도서 바자회를 했다. 내가 산 책은 '과학의 역사', '하늘길' 등이다. 그 중 가장 뿌듯하고 보람 있는 책은 '쿠킹북'이다. 여러 가지 음식을 만드는 레시피가 담겨 있었다.

집에 돌아와 아빠에게 내가 가장 먹고 싶어 하는 음식을 보여주며 "어때요? 맛있겠지요!"라고 했다. 그러자 아빠는 "아니, 난 찌개랑 밥이 더 좋아!"라고 하셨다. 내가 약간 서운한 표정을 지었다.

"친구들은 학교에서 군침 흘리던데, 식성 참 특이하시네요!" 엄마에게 달려가 말씀드렸더니 "그래 바름아, 진정하렴." 엄마가 말했다. 나중에 아빠 빼고 엄마한테만 요리를 해드려야겠다.

또 다른 즐거움, 방과후 전시회

이번 주에는 멀티미디어실에서 방과후 전시회가 있다. 실험 과학, 로봇 등 여러 작품들이 전시되어 있었다. 내가 낸 작품도 있었다. 레이싱 카 로봇과 실험과학에서 낸 작품이다. 우리 반에서는 나 말고 두 명의 친구 것도 있었다.

방과후 전시회에서 가장 신기하게 보인 것은 쿠키앤 클레이였다. 내가 평소 사먹었던 과자보다 훨씬 멋졌다. 모양이 그렇게 예쁠 수가 없었다.

방과후 전시회를 보는 것은 참 즐거웠다.

거기에 내 작품도 두 개나 전시되어 있어서 더더욱 뿌듯했다.

가을

위대한 한글을 위한 날

10월 9일은 세종대왕이 우리 한글을 만드신 날이에요. 이 날을 기념하여 학교에서는 한글과 관련된 각종 행사를 하지요. 그 일을 써 보세요.

콩콩 쓰는 오늘 일기

① 날짜와 날씨를 써요.

・날짜 : 10월 9일　・날씨 : 햇빛 쨍쨍

② 제목을 써요.

・제목 : 한글날을 기리는 받아쓰기 대회 

　　세종대왕이 한글을 창조하신 날이다. 1학년은 경필쓰기 대회가, 우리 2학년은 받아쓰기가 있다. 아침에도 틀렸던 것들을 중심으로 한번 더 보고 학교로 갔다. 3교시에 보았다.

③ 어떤 행사 내용이었는지 써요.

　　두근두근! 시험만 보려 하면 내 마음은 왜 이리 뛰는지 모르겠다. 띄어쓰기도 정확해야 한다. 문장이 길었지만 잘 듣고 띄어쓰기와 맞춤법에 신경을 곤두세웠다. 엄마는 그 말씀을 종종 하셨다. "초등학교 때 못한 애들은 커서도 맞춤법 못하더라. 배울 때 정확하게 배우고 제대로 익혀야지!" 나도 그런 어른이 되는 것은 싫다. 그래서 주의 깊게 들으며 틀리지 않게 쓰려고 노력했다.

④ 한글에 대한 생각과 나의 느낌을 써요.

　　받아쓰기 대회에서 꼭 상을 받았으면 좋겠다. 정성을 들여 한글을 써 보니까 한글이 참 아름답고 신기하다는 생각이 들었다. 또 역시 한글이 제일 편하다. 세종대왕님, 감사합니다.

세종대왕은 백성들을 너무 사랑하셔서 한글을 만드셨대요.

한글날을 맞아 한글을 만드신 뜻을 새기고 고마운 마음을 일기에 담아 보세요.

훌륭한 세종대왕과 위대한 한글

세종대왕은 어렸을 때부터 책을 좋아했다. 책을 많이 읽으시니까 당연히 똑똑했을 것이다. 그래서 배우는 기쁨과 백성을 사랑하는 법을 아셨나 보다.

세종대왕이 한글을 만들기 전에는 한자를 썼다. 세종대왕은 백성들을 사랑하셨다. 그래서 많은 이야기를 듣고 싶었다. 직접 들을 기회는 적었다. 글로 들어야 하는데, 백성들은 글을 몰랐다. 임금님께 그 어떤 글도 올릴 수 없었던 것이다. 한자는 너무 어려웠다. 뜻과 음이 다르기 때문에 소리글자인 우리말과는 맞지 않았다.

백성들은 또한 농사를 짓느라 바빠서 글을 익힐 엄두를 내지도 못했다. 오호, 통재라! 하시며 백성들이 배우기 쉽고 익히기 쉬운 한글을 심혈을 기울여 만드신 것이다. 세종대왕이 만드신 한글이 없었으면 어떻게 되었을까? 생각만 해도 끔찍하다. 우리글인 한글은 언제나 아름답고 자랑스럽다.

한글이 없었다면?

한글날은 세종대왕님이 한글을 만드신 것을 기념하는 날이다. 만약 세종대왕님이 한글을 못 만드신 채 편찮으셔서 돌아가셨다면 우리는 3000글자가 넘는 어지러운 한자를 써야 됐을 것이다. 그게 진짜라면 기억력이 별로 좋지 않은 나의 뇌가 짜증이 나서 가출을 할 수도 있었을 것이다. 아니면 내가 커서 한글을 만들어 만 원짜리 지폐에 들어가 있는 것도 꽤 괜찮은 생각 같다. 세종대왕님은 십만 원짜리 수표에 들어가도 될 정도로 위대한 분이시다. 우리 민족에게 글자를 만들어 주셨기 때문이다. 이제부터는 한글을 더욱 아끼고 사랑해야겠다.

수학경시대회 열린 날
– 만화 일기

수학은 어렵지만 아직 포기할 수는 없어요. 수학경시대회가 열린 날, 어떤 마음으로 참여했는지 만화로 표현해 보세요.

콩콩 쓰는 오늘 일기

① 날짜와 날씨를 써요.

· 날짜 : 10월 15일   · 날씨 : 구름이 살포시 해님을 가린 날

· 제목 : 수학경시대회

② 제목을 써요.

③ 수학경시대회 시험을 본 일을 만화로 그려요.

④ 만화의 내용과 기분을 간단히 정리해요.

수학경시대회를 보았다. 나에게는 여전히 수학이 어렵다.

점수가 엉망이라 말을 할 수가 없다.

2학기 수학은 어떤가요? 어려운 부분도 있고, 쉬운 부분도 있을 거예요.
공부한 내용을 만화로 그려 보면 재미있고 쉽게 이해할 수 있을 거예요.

넓이와 둘레, 배워도 헷갈려~

수학을 배웠다. 넓이와 둘레를 구했다. 설명을 들었는데도 어렵고 헷갈린다.

수학 숙제한 날

어제 마산에 다녀왔다. 너무 피곤하다. 학습지도 다 풀어야 하고, 수학 숙제도 해야 한다. 과학 숙제도 있다. 시험 공부는 언제 하나 걱정이 쌓인다.

가을

가을 나들이

여기저기 알록달록 울긋불긋! 숲이 어느새 달라졌어요. 낙엽이 뒹굴기도 하고 노랗고 빨간 열매들이 달려 있기도 해요. 가을 체험을 일기에 써 보세요.

콩콩 쓰는 오늘 일기

① 날짜와 날씨를 써요.

- 날짜 : 10월 21일   · 날씨 : 노을이 참 고운 날!

- 제목 : 가을 담기 나뭇잎 추억

② 제목을 써요.

　　가을을 맞이하여 선생님께서 낙엽 줍기 숙제를 내 주셨다. 자, 이제 낙엽 줍기 가을 여행을 떠나 볼까? 공원으로 발길을 옮겼다. 붉은 단풍, 노란 잎, 갈색 잎을 주웠다. 하트 모양, 길쭉한 모양, 넓은 모양 등 다양하게 나뭇잎을 차곡차곡 모았다. 뚜벅뚜벅 걷다가 맘에 드는 나뭇잎을 찾다 보니 기분까지 좋아졌다. 기분 좋아지는 비법!

③ 낙엽을 주우며 모양이나 색깔을 관찰한 일을 써요.

　　첫 번째, 고개를 숙여 똘망똘망 눈을 굴리며 찾는다. 두 번째, 맘에 드는 것을 찾으면 곧바로 다리를 쭈그리고 앉는다. 세 번째, 엄지와 집게손가락으로 줍고 선다. 그럼 금세 가득 모아진다.

④ 낙엽을 주우면서 어떤 느낌이었는지 써요.

　　이렇게 낙엽 줍기를 하니까 내가 시인이 된 것 같았다. 낙엽 줍기 숙제로 가을 추억을 쌓게 해주신 선생님, 정말 감사드려요.

가을 날씨는 선선해서 산으로 강으로 나들이를 가기 좋아요. 산에서 좋은 공기도 들이마시고,
강에서는 자전거도 타지요. 가을 나들이를 다녀온 후 일기에 써 보세요.

맑은 공기 가득한 관악산에 오르다

등산을 하러 관악산에 갔다. 올라갈 때는 별로 지치거나 힘들지 않았는데 내려올 때는
가파르고 험해서 매우 힘들었다. 중간에 조금씩 바위에서 쉬긴 했지만 내려갈수록 더 지쳤다.
그리고 아침만 먹어서 그런지 배도 유난히 더 고팠다. 내려와서 쉬고 밥을 먹으니 그제야
힘이 났다.

산에 올라가면 좋은 점은 맑은 공기를 마실 수 있다는 것이다. 또 나무 덕분에 뜨거운 햇빛
도 가릴 수 있다. 도토리나 밤을 주머니 가득 넣어갈 수도 있다. 나는 관악산에서 이걸 모두
했다. 그래서 힘들지만 나는 산이 좋다!!!

자전거 타고 한강 돌기

한강에 가서 자전거를 탔다. 아름다운 강을 보니 기분이 좋았다. 그런데 강 가까이 가 보
니 어느 쪽은 강물 색깔이 맑지 않았다. 쓰레기로 차 있었다. 강 옆쪽을 보았는데, 마침 어떤
사람이 강에 쓰레기까지 버리는 것이었다. 그때 나는 결심했다. 쓰레기를 아무 데나 버리지
않기로 말이다.

그 다음에는 한강의 옛날 모습이 전시되어 있는 곳으로 갔다. 그곳에 있는 그림은 사람들
이 강에서 평화롭게 놀고 있는 모습이었다. 쓰레기가 없어야 평화롭게 놀 수 있다는 것을
깨달았다.

가을

가을이 좋아~
– 동시 일기

가을 풍경을 멋진 시로 표현해 보는 건 어때요? 재미있는 말을 넣어 가을을 생생하게 느낄 수 있는 시를 지어 보세요.

콩콩 쓰는 오늘 일기

① 날짜와 날씨를 써요.

· 날짜 : 10월 27 · 날씨 : 나뭇잎이 빨갛고 노랗게 물든 날

· 제목 : 난 가을이 좋아

② 제목을 써요.

난 가을이 좋아.

주황빛 감이 주렁주렁 열리고

빨간 고추잠자리가 윙윙 날아다녀서.

③ 가을이 왜 좋은지 생생한 표현을 사용하여 동시를 써요.

난 가을이 좋아.

살포시 이불 속이 그립고

날개를 비비는 귀뚜라미 소리가 들려서.

난 가을이 좋아.

나뭇잎이 우수수 떨어지고

책을 갉아먹는 책벌레들이 꿈틀거려서.

시로 표현할 내용이 더 떠오르나요? 옷을 갈아입은 가을 나무, 드높은 파란 가을 하늘, 황금빛 들판, …… .
가을만의 느낌이 드러나도록 시를 써 보세요.

가을 나무

가을 나무는
알록달록 옷을 입네

가을 나무는
살랑살랑 춤을 추네

가을 낙엽은
투둑투둑 떨어지네

가을

높고 높은 하늘
이제 가을이 왔어요.

나뭇잎들은 여러 가지 색깔의
옷으로 갈아입고

들판의 벼들은
꼬부랑 할머니가 되고

사과와 고추는
누가누가 더
빨간지 시합을 해요.

자유 주제 베스트 10

1

- 날짜 : 9월 5일   · 날씨 : 바람이 솔솔 불어온 날
- 제목 : 태극문양이 좋아, 동그라미가 좋아?

수학시간이었다. 모양에 대해 배웠다. 모양에는 세모, 네모, 동그라미 모양이 있다. 그 중에서 내가 가장 좋아하는 모양은 동그라미 모양이다. 동그라미 모양에는 맛있는 도넛 모양, 우리가 살고 있는 지구본 모양, 달콤한 피자 모양 등이 있다. 하지만 나는 태극기 안에 들어 있는 태극문양이 좋다. 동그라미 모양이 가장 좋다. 이유는 태극기가 우리나라 국기이기 때문이다. 하지만 우리 누나는 "다안아, 난 시험지에 동그라미가 많아야 100점이잖아. 그래서 동그라미가 좋아!" 엄마랑 나는 누나 말을 듣고 배꼽을 잡고 깔깔 웃었다.

2

- 날짜 : 9월 8일   · 날씨 : 여름이 가기 싫은지 아직 덥다~
- 제목 : 신나는 비둘기밥 주기

놀이터에서 비둘기에게 과자를 나누어 주었다. 비둘기는 힘들게 과자를 쪼아 먹었다. 이가 있는 우리가 참 행복하다는 생각이 들었다. 비둘기에게 과자를 주다 보니 하나둘씩 우리 곁으로 몰려들기 시작하였다. 비둘기가 잘 먹으니까 나도 기분이 막 좋아졌다. 어느새 과자가 다 떨어져 버렸다. 그리고 이제 나도 갈 시간이 되었다.

비둘기야, 배고프면 언제든지 와. 내가 과자 줄게.

3

- 날짜 : 9월 18일   · 날씨 : 너무 시원함
- 제목 : 송편 만들기

다른 날보다 일찍 일어났다. 송편을 만들기로 한 날이기 때문이다. 송편을 만드는데 먹고 싶어서 벌써부터 침이 꿀깍했다. 송편을 다 만든 다음에 조금씩 걱정이 되기 시작했다. 왜냐하면 터질까 봐 겁이 났다. 조바심을 내며 기다렸다. 짜잔! 송편속이 안 터졌다. 휴, 다행이다. 송편을 맛있게 먹긴 했지만 너무 작게 만들어서 아쉽긴 했다. 다음에는 좀 더 크게 더 맛있게 만들 수 있을 것 같다.

4

- 날짜 : 10월 4일   · 날씨 : 너무 더운 날
- 제목 : 순천만 망둥이와 갈대

아침 일찍 우리 가족은 순천만을 가기 때문에 서둘렀다. 승용차를 타고 고속도로를 한참 달렸다. 가다가 휴게소에서 고구마스틱, 호두과자를 사먹었다. 한참을 달렸는데, 깨어보니 순천만에 도착해 있었다. 사람들이 많았다. 먼저 생태관에 갔다. 망원경으로 갈대밭과 연안습지를 보았다. 큰 두루미는 생태관 안에도 모형으로 전시되어 있었다. 우리 가족은 정답게 갈대밭도 걸었다. 갯벌에서 망둥이와 게를 많이 보았다. 잡는 아이들도 있었다. 거기에서 나는 언니와 사진을 찍었는데 갈대를 뽑는 사람들도 종종 있었다. 나랑 언니도 갈대를 뽑아 보았다. 순천만의 갈대를 또 보러 가고 싶다.

5

- 날짜 : 10월 5일   · 날씨 : 해야 해야 솟아라~
- 제목 : 요리는 즐거워

두근두근! 오늘은 드디어 엄마가 나에게 요리를 시켜 주겠다는 날이다. 먼저 버섯을 씻고 당근 껍질을 벗겼다. 그런 다음 엄마가 하는 대로 아주 작게 잘랐다. 처음엔 서툴러서 못했지만 차츰 잘해 나갔다. 과도를 힘주어 잡아서 그런지 엄지손가락이 아팠다. 엄마는 노력하는 사람의 요리가 더 맛있다고 하셨다.

내가 노력하는 모습이 예뻐 보였나 보다.

6

- 날짜 : 2013년 10월 12일 토요일

- 날씨 : 해님과 구름이 친구처럼 정답게 같이 있음

- 제목 : 맛있는 짜장면

　짜장면이 먹고 싶어서 짜장면 집에 갔다. 거기에선 신기하게도 짬뽕에 기름이 없었다. 왜냐하면 재료가 아주 좋기 때문이다. 우리는 정말 맛있게 먹었다. 하지만 끝나지 않았다.　오늘의 하이라이트, 오징어 물회! 정말 맛있었다. 쫄깃하게 씹히고 씹을수록 더 고소해졌다. 다음번에도 짜장면이 먹고 싶을 때 그 집을 가야겠다.

7

- 날짜 : 10월 13일 　　· 날씨 : 해님 살짝, 구름 많음
- 제목 : 나의 꿈

　나는 꿈이 많다. 한의사, 요리사, 화가, 피겨스케이트 선수 등 이렇게 많은 꿈을 갖고 있다.　하지만 이 꿈 중에서 어느 것을 고를까 고민된다. 그 중에 한의사, 요리사, 화가는 하고 싶다. 엄마는 꿈이 여러 개면 그 꿈 중에 세 가지쯤은 할 수 있다고 말해 주셨다. 그래서 난 세 가지 꿈을 꼭 이룰 거다.

8

- 날짜 : 10월 13일   · 날씨 : 구름이 조용한 걸 보니 잠이 들었나 보다
- 제목 : 책에 빠지다.

요즘 난 책에 빠져 있다. '최후의 늑대', '제임스와 슈퍼 복숭아', '초콜릿 공장의 비밀', '찰리와 거대한 유리 엘리베이터', '양반전' 등등을 읽었다. 난 특히 로알드 달의 책을 즐겨 보았다. 로알드 달의 책은 아주 흥미롭고 재미있다. 나도 소설이나 시를 쓰는 걸 좋아한다. 로알드 달이 쓴 책을 참고해 재미있는 책을 써야겠다.

9

- 날짜 : 10월 27일   · 날씨 : 구름 한 점 없이 굉장히 하늘이 맑았다
- 제목 : 가슴 탁 트이는 남산타워에 가다

남산타워에 갔다. 단풍잎은 알록달록 예쁜 색깔로 변해 있었고, 하늘은 굉장히 맑았다. 올라가는 것이 멀어서 힘들었지만 힘을 막 뿜어내는 것 같은 단풍잎을 보니 힘이 절로 났다. 이제 바로 앞에 남산타워가 보였다. 계단에 앉아 김밥과 간식을 먹었다. 칼 시범과 무용을 보고 있으니까 내려갈 기운이 불쑥 생겨났다. 내 체력은 금방 에너지가 빠지다가도 다행스럽게 다시 회복되는 것 같다. 남산타워에 오르니 에너지가 넘쳐나서 기분이 좋았다.

10

- 날짜 : 11월 3일   · 날씨 : 꽃이 방글방글 웃음 지음
- 제목 : 꽃시장에서 본 분재 나무

꽃시장에 가서 예쁜 꽃들을 보았다. 우리는 바질, 애플민트, 허브를 샀다. 돌아보는 중에 '분재 나무'도 눈에 띄었다. 분재 나무는 일반 소나무를 자라는 만큼 잘라주고 화분을 자주 옮겨주어 늙은 나무라도 크기가 작다. 분재 나무에서 얻은 교훈이 있다. 분재 나무처럼 실력은 있지만 그것을 사용하지 않으면 아무 소용이 없다는 것이다. 분재 나무도 충분히 클 만한 능력이 있는데, 그 능력을 발휘하는 싹을 자르니까 더 이상 클 수 없다. 나는 꾸준히 노력해서 작은 분재 나무가 되지 말고 큰 소나무가 될 것이다.

겨울 겨울 겨울
펑펑
눈 오는 소리

겨울 겨울 겨울
꽁꽁
얼음 어는 소리

겨울 겨울 겨울
활활
호떡 굽는 소리

겨울 겨울 겨울
휘익
거센 바람 소리

겨울

겨울

내 짝을 소개해요

부모님께 짝꿍을 소개하려고 해요. 짝꿍의 모습, 성격, 좋은 점, 함께 겪은 일을 자세히 일기에 써 보세요.

콩콩 쓰는 오늘 일기

① 날짜와 날씨를 써요.

② 제목을 써요. 

③ 짝꿍의 모습과 성격, 친구와 함께 하는 일 등을 써요.

④ 짝꿍에 대한 느낌과 나의 다짐을 써요.

- 날짜 : 11월 6일   · 날씨 : 춥고 바람이 쌩쌩 부는 날!

- 제목 : 제 짝을 소개해요

　제가 소개할 친구는 김정현입니다.

　정현이는 눈이 동그랗고 얼굴이 작고 예쁘고 착합니다. 정현이는 말을 아주 예쁘게 합니다. 글도 재미있게 잘 씁니다. 꿈이 동화 작가라는데, 꿈을 반드시 이룰 거라고 생각합니다. 단점도 있습니다. 뭐냐면 말 수가 너무 적다는 것입니다. 목요일, 금요일에는 교실에서 함께 놉니다. 하지만 각각 다른 놀이를 합니다. 저는 젠가로탑을 쌓고, 정현이는 공기놀이를 합니다. "정현아, 우리 함께 놀이할 수 있는 것 찾아볼까?" 이렇게 말하면 같은 놀이를 하기도 합니다.

　저는 짝꿍이 마음에 듭니다. 말도 많이 하고 친하게 지내려면 제가 먼저 말을 걸어야 하겠습니다.

톡톡 튀는 다른 소재와 표현

짝꿍 말고도 평소 친하게 지내는 친구가 있지요?
이번엔 마음이 맞는 친구, 함께 잘 어울리는 친구를 소개해 보세요.

가현이를 소개합니다

제가 소개하고 싶은 친구는 박가현입니다.

가현이는 긴 머리를 하고 있습니다. 항상 친절하게 잘 대해 줍니다. 칭찬도 아끼지 않고 많이 해 줍니다.

가현이는 색종이를 잘 접고 그림도 잘 그립니다. 우리는 가현이의 그림과 색종이 접기를 한 것을 볼 때마다 "우와!"하고 소리칩니다. 저는 가현이랑 파티에 간 적이 있습니다. 나도 파티에서 가현이에게 친절하게 해 주었습니다. 저는 가현이를 좋아합니다.

자현이를 소개합니다.

제가 소개하고 싶은 친구는 자현이입니다. 자현이는 키가 작고 안경을 쓰고 다닙니다. 어떤 놀이를 하자고 내가 제안하면 내 말을 잘 따라주는 착한 친구입니다.

자현이 꿈은 과학자입니다. 로봇 조립도 잘하고 과학 상식도 정말 풍부합니다. 자현이와 같이 순천만에 간 적이 있습니다. 갈대밭에 내가 떨어졌을 때 "뭔가 휘익 지나갔는데, 너였어?"라며 웃었습니다.

자현이와 앞으로도 친하게 지내고 싶습니다.

겨울

내가 만약 거인이 된다면?
– 상상 일기

지금은 작은 몸, 작은 힘을 가지고 있지만, 내가 만약 거인이 된다면 어떨까요?
그 모습을 상상하면서 일기를 써 보세요.

콩콩 쓰는 오늘 일기

① 날짜와 날씨를 써요.

- 날짜 : 11월 11일   · 날씨 : 비가 오고 흐림

- 제목 : 내가 만약 거인이 된다면? 

② 제목을 써요.

　　내가 만약 거인이 된다면 바다를 성큼성큼 건너 이웃나라 일본으로 갈 것이다. 그리고 쩌렁쩌렁한 목소리로 말할 것이다. "독도는 우리 땅이니까 넘보면 내가 가만 두지 않겠다!" 그 다음에는 중국 만리장성으로 또 성큼성큼 걸어갈 것이다. 위에서 사람들을 내려다보며 이렇게 말하겠다.

③ 거인이 되면 어떤 일을 할 건지 상상한 내용을 써요.

　　"너희 나라는 땅이 넓으니까 우리가 다스릴 땅을 내놓아라!"

　　우리나라에서 하고 싶은 일도 있다. 지리산으로 가서 호랑이들을 모을 것이다. 호랑이들을 다 모아 대가족으로 평화롭게 살게 해 줄 것이다.

　　정말 이 일이 이루어지면 우리나라가 세계에서 제일 강한 나라가 될지도 모른다. 또 우리나라가 호랑이 천국이 되어서 어떤 나라도 넘보지 못할 것이다.

④ 상상이 현실에서 이루어지면 어떨지 써요.

내가 만약에 다른 사람이 된다면 어떨까요? 갑자기 많은 돈이 생긴다면요?
어떤 일이 일어날지 상상해서 써 보세요.

내가 만약 대통령이 된다면?

　내가 만약 대통령이 된다면 사람들의 의견을 들어주는 멋지고 착한 대통령이 될 것이다. 우리나라가 세계 1위 나라가 되기 위해 열심히 일할 것이다. 그리고 북한과의 통일을 위해서 노력하고 경제 위기도 넘길 것이다. 한국문화를 세계에 널리 알리는 일도 게을리 하지 않을 것이다. 환경의 중요성도 강조하여 깨끗하고 건강한 한국을 만들어 나갈 것이다.

　그리고 항상 미소를 잃지 않는 대통령이 될 것이다. 내가 행복해야 국민이 행복하다는 것을 마음 속에 심어주고 싶다.

나에게 백만 원이 생긴다면?

　'나에게 백만 원이 생긴다면……?' 입이 쩍 벌어질 정도로 기쁠 것이다.

　무엇을 살까? 바로 레고 닌자고 시리즈를 다 살 것이다. 이유는 내가 레고 닌자고 시리즈를 엄청 좋아하고 레고 맞추기도 좋아하기 때문이다. 레고를 가지고 놀면 시간 가는 줄 모르고 집중할 수 있다.

　나에게 진짜 백만 원이 생겼으면 좋겠다. 백만 원아, 나에게로 와 줘!

　이런 상상을 하니까 기분이 좋아진다. 레고 닌자고가 내 방을 가득 메워 주었으면 좋겠다.

이웃나라 일본 탐구

우리나라와 가장 가까운 나라는 어디일까요? 바로 일본이에요.
일본을 직접 여행하거나 새로 알게 된 점을 일기에 써 보세요.

콩콩 쓰는 오늘 일기

① 날짜와 날씨를 써요.

② 제목을 써요.

- 날짜 : 11월 15일   · 날씨 : 맑은 공기가 떠돌아다님
- 제목 : 이웃나라 일본 여행

　일본에 갔다. 할머니, 나, 엄마 이렇게 셋이서 일본에 간 건 처음이다. 교토에 있는 '천수각'이라는 곳과 '아라시야마' 등을 관광하고 인력거도 탔다. 인력거를 끌어주시는 분들은 참 친절하셨다.

　"사진 예쁘게 찍어드릴까요?" 일본 사람인데도 억양만 어색했지 우리말을 참 잘하셨다. 그래서 우리는 사진도 찍었다.

③ 일본에서 있었던 일이나 새로 알게 된 점을 써요.

　일본은 오래된 '신사'가 많았다. 특히 하늘이 맑고 공기가 깨끗했다. 물도 연하고, 물맛도 좋았다. '다다미'방과 '유카타'라는 일본 잠옷은 참 예쁘고 신기했다.

④ 일본에 대한 인상이나 느낀 점을 써요.

　이웃나라 일본을 여행할 수 있어서 기뻤다. 우리와 비슷한 얼굴과 우리나라와 비슷한 곳이 참 많아서 신기하기도 했다.

우리나라 북쪽과 서쪽엔 북한과 중국이 있어요. 북한은 우리와 같은 민족이고,
중국은 옛날부터 인연이 많은 나라예요. 두 나라에 대해 써 보세요.

중국에서 만난 광개토대왕릉비

중국으로 여행을 갔다. 엄마, 아빠, 나, 할머니 넷이서 갔다. 중국은 우리보다 1시간이 차이 났다. 고구려 유적인 광개토대왕릉비를 찾아갔다. 높이는 6.4m, 무게는 37톤이나 된다고 했다. 그런데 글자가 몇 글자 안 보였다.

"아빠, 고구려는 우리나라였는데, 왜 여기에 광개토대왕릉비가 있어요?" 아빠는 동북공정에 대해 이야기해 주셨다. 중국이 고구려 역사를 가져가려고 한다는 것이다. 하지만 온돌은 우리나라만 있는 전통이라고 한다.

즐거운 여행이었지만 한편으로는 괘씸한 생각이 들었다. 고구려는 우리의 역사라는 걸 당당히 밝혀야겠다.

북한과 가까운 압록강에 가다

북한과 가까운 중국의 압록강 관광을 하게 되었다. 친척들과 함께 압록강에 가는 유람선을 탔다. 유람선을 타고 가는데 북한 초소랑 사람들 그리고 배까지 보였다.

강을 건너자 북한 사람이 배로 물건을 팔러 왔다. "이거이 북한 돈임네다. 4000원 주시라요." 내가 영화에서나 보았던 그 말투다. 정말 신기했다. 작은 수첩에 북한 돈을 넣어 파는 것이었다. 돈을 돈으로 사고 팔 수 있다는 게 정말 신기했다. 몇몇 사람은 그걸 샀다. 아빠한테 우리도 사자고 해서 샀다.

중국에 와서 북한 사람들도 만나보고 뜻 깊은 여행이었다.

겨울

신문지로 만든 놀잇감

학교에서 신문지로 놀잇감을 만드는 시간이 있어요. 잘 만들었나요?
어떻게 만들었는지 쓰고, 마음에 드는지 어떤지 평가도 해 보세요.

콩콩 쓰는 오늘 일기

① 날짜와 날씨를 써요.

- 날짜 : 11월 23일　　• 날씨 : 햇빛은 있지만 꽤 추워~

- 제목 : 신문지로 만든 놀잇감 

② 제목을 써요.

　　3교시 수업시간이 시작되었다. 폐휴지로 놀잇감을 만들었다. 이 놀잇감을 만들려면 신문지가 필요하다. 왜냐하면 신문지로 접어야 하기 때문이다. 놀잇감 모양이 세모여서 신기했다. 접는 것은 처음에는 쉬웠다. 하지만 점점 어려워졌다. 사용 방법은 힘을 다해 한 번 휘두른다. 그래서 소리가 나면서 펼쳐지면 성공이고 아니면 실패다.

　　"휴, 나는 너무 세게 해서 부러졌네~" 그렇게 말해 놓고 나니 웃음꽃이 활짝 피었다.

　　놀잇감을 만드는 일은 쉬운 편인데 완성하는 건 힘들다는 걸 알게 되었다. 무엇이든 다 되었다고 마음을 놓으면 안 되나 보다. 다시 한 번 도전해서 이번엔 꼭 성공하겠다.

③ 어떤 놀잇감으로 무엇을 만들었는지 과정을 써요.

④ 놀잇감을 만드는 일에 대해 평가한 내용을 써요.

**수학시간에 색종이로 모형시계를 만들기도 하고, 지구마을 주사위도 만들어요.
어떻게 만들었는지 써 보세요.**

내가 만든 특별한 시계

수학시간에 색종이로 모형시계를 만들었다. 나는 분홍색 색종이를 노란색 색종이로 민영이랑 바꿨다. 색종이 준비를 끝내고 종이접기에 들어갔다. 모양을 접고 나서 뒤집어 보면 밤 모양이 되었다. 그 모양을 보니 밤이 먹고 싶어서 침이 꿀꺽 삼켜졌다.

집에 돌아와서 엄마가 "4시 30분!"하면 나는 재빨리 시간을 맞추었다.

내가 만든 특별한 시계로 시계공부를 열심히 해야겠다. 하지만 종이로 만들어서 구기거나 물에 젖지 않게 조심해야 한다. 내가 만든 특별한 시계! 너의 이름은 밤돌이야.

종이접기시간

수업시간에 선생님께서 가르쳐 주신 여러 가지 종이접기가 있다. 오늘 배운 것은 종이배 접기이다. 가람이가 선생님을 도와주어서 시범을 보여 주었다. 나는 민영이에게 어떻게 하는지 가르쳐 달라고 부탁했다. 난 이렇게 깨달았다. '아하, 이렇게 하는구나.'

내가 지금까지 배운 것은 공기종, 왕관, 종이배, 하트, 산타 할아버지이다. 처음 만들어 본 것이지만 재미있었다. 선생님과 친구들한테 배운 것을 우리 엄마한테도 가르쳐 주어야겠다.

겨울

생명과학 배운 날
– 만화 일기

생명과학을 공부하면 다양한 동식물을 만날 수 있어요.

무엇을 보았는지 만화로 그려 보세요.

콩콩 쓰는 오늘 일기

① 날짜와 날씨를 써요.

- 날짜 : 11월 27일   · 날씨 : 겨울인데도 봄처럼 푸근해~

- 제목 : 생명과학 시간

② 제목을 써요.

③ 동물을 관찰한 일을 만화로 그려요.

④ 무슨 일인지 글로 간단히 정리해요.

오늘은 내가 좋아하는 생명과학 방과후를 하는 날! 햄스터가

귀여워서 "엄마, 사주세요~"라고 말 했다가 혼날 뻔 했다.

톡톡 튀는 다른 소재와 표현

과학은 직접 체험해 보아야 잘 알 수 있어요.
어떤 실험과 관찰을 했는지 만화로 그려 보세요.

파리지옥에 대해 배운 날

생명과학에서 파리지옥에 대해서 배웠다. 다 끝나고 난 뒤에는 나눠주셨다. 기분이 너무 좋았다. 생명과학 짱이다!

생명과학에서 1등으로 뽑힌 날

생명과학 마지막 수업이었다. 최우수자를 뽑았다. 나여서 기뻤다. 물고기까지 선물로 받아서 너무 기분이 좋았다.

겨울

온 가족 김장하는 날

채소가 꽁꽁 얼기 전에 김장을 해야 해요. 온 가족들이 모여 김장하는 날에 있었던 일을 써 보세요.

콩콩 쓰는 오늘 일기

① 날짜와 날씨를 써요.

- 날짜 : 12월 6일 · 날씨 : 다행히 찬바람이 불지 않음
- 제목 : 외갓집에서 김장하는 날

② 제목을 써요.

　　외할머니 댁에서 김장을 했다. 엄마가 김치 통을 꺼내 오는 걸 보고 다들 한 마디씩 했다. "대체 저게 몇 개야?, 김치 통이 크기도 하네." 이모가 호호 웃으시며 말했다. "차에 작은 김치 통 세 개 더 있어. 거기에는 내가 좋아하는 파김치 넣을 거야." 엄마는 얼굴도 두껍게 씩씩하게 말했다. "누나가 다 퍼 가기 전에 빨리빨리 통에 담아야겠는걸!" 큰삼촌이 욕심을 냈다. 외할머니는 "소영이 네가 먹을 건 네가 비벼 가라~"라고 말씀하셨다. 나는 대답만 하고 엄마가 말했듯이 외할아버지가 비벼 주는 김치를 기다렸다. 김장이 끝났다. 이모는 언제 준비했는지 보쌈을 준비해 놓고 들어오라고 부르셨다. 아주아주아주! 맛있었다.

③ 김장하면서 있었던 일을 구체적으로 써요.

④ 김장을 끝낸 후 생각과 느낌을 써요.

　　온 가족이 모여 이렇게 김장을 하고 웃음이 끊이질 않아서 행복한 하루였다. 내년에도 이런 시간이 왔으면 좋겠다.

김장을 할 때 어른들을 돕나요, 아니면 놀다가 김장이 끝나면 먹기만 하나요?
김장하는 날, 나는 무엇을 했는지 중심으로 써 보세요.

김치는 꿀맛

할머니 댁에서 김장을 했다. 동네 할머니들이 모여서 다 같이 하였다. 할머니들도 일하시는데 내가 안할 수가 없었다. 배추가 100포기라서 모두 같이 해야지 힘들지 않을 것 같았다. 그래서 100포기 중에 2포기는 내가 했다.

처음 하는 것이라서 서툴긴 했지만 재미있었다. 다 하고 나니 배에서 꼬르륵 소리가 났다. 계란 프라이에 밥을 비벼 먹었다.

"엄마, 일하고 나서 밥을 먹으니까 꿀맛이에요!"

정말 일하고 먹으니 훨씬 맛이 좋았다. 김장맛도 최고였다.

김장 대작전

외할머니 댁에서 아주 큰 김장을 했다. 내가 통째로 들어갈 만한 그릇이 2개나 있었고, 축구공의 세 배 정도 되는 그릇이 한 개 있었다. 거기에 우리 사촌 동생만한 배추가 수북히 쌓여 있었다. 엄마와 이모는 그것을 천천히 담그기 시작했다.

놀기 시작한 지 1시간 경과, 배추의 1/3이 사라져 있었다. 배추의 팔다리가 쭉쭉 뻗어 도망쳤나?

또 1시간 경과, 완성되어 있었다. 사촌형과 맛있는 외할머니표 김치를 나누어 먹었다.

너무 맛있어서 둘이 먹다가 한 명이 죽어도 모를 맛이었다. 이 김치를 집에 가서도 밥 한 그릇으로 뚝딱 해치워야지!

겨울

친구들과 눈싸움을 하다

하늘에서 눈이 폴폴 날리다가 펄펄 날리고, 아주 힘껏 펑펑 날려요. 눈도 점점 쌓여갈 때 친구들과 눈싸움을 한 일을 떠올리며 일기를 써 보세요.

콩콩 쓰는 오늘 일기

1 날짜와 날씨를 써요.

- 날짜 : 12월 12일

- 날씨 : 눈이 펑펑 내려서 뽀얀 눈이 바닥에 쌓인 날

- 제목 : 친구들과 함께 눈싸움을 하다 

2 제목을 써요.

　　펑펑 눈이 내리기 시작했다. 친구들은 "와~~눈이다!"라며 호들갑을 떨었다. 선생님께서도 우리 마음을 아셨는지 밖에서 놀아도 된다고 하셨다. 우리 선생님 최고! 눈싸움은 여자 친구들과 남자 친구들의 대결이 되었다. 도망 다니면서 남자를 맞히니까 너무 재미있었다.

3 친구들과 어떻게 눈싸움을 했는지 써요.

　　남자들한테 눈덩이로 맞기도 했다. 그때마다 기회를 놓치지 않고 남자애들을 맞혀 놓고는 바로 앉아서 눈덩이를 만드는 척 했다. 그러면 남자들은 "누구야?"라고 소리치기만 하고 내가 한 줄은 꿈에도 몰랐다. 그때마다 웃음이 나와도 꾹 참았다.

4 눈싸움을 하고 난 후 느낌을 써요.

　　눈! 너 때문에 너무너무 즐거웠어! 내일도 녹지 말아 줘. 더 내려 와서 우리랑 놀아줘! 그리고 선생님! 밖에 나가 놀게 해주셔서 감사합니다. 정말 신나는 하루였다.

겨울엔 눈이 와야 겨울다워요. 눈이 오면 마음도 설레고 괜히 들뜨지요.

눈과 관련된 일을 겪은 후 일기에 써 보세요.

사르르 사르르 신나는 눈!

아침에 눈을 떠 보니 온 세상이 하얀 백지 같았다. 난 기분이 정말 좋아 펄쩍펄쩍 뛰었다. 내 친구 유빈이에게 전화를 했다. 두근두근 떨리는 마음으로

"유빈아, 너 시간 되면 우리 놀이터에서 눈사람 만들자!!!" 라고 말하였더니 유빈이는 놀 수 있다고 하였다. 재빨리 놀이터로 향했다.

하늘에서는 나를 반기듯 하얀 눈이 사르르 내리고 있었다. 우리는 천사도 만들고 눈사람도 만들었다.

우리는 코코아도 마셨다.

춥고 눈 올 때 따끈따끈 코코아를 마시니 이렇게 좋을 수가 없었다. 아, 좋다~ 토요일!

눈싸움과 눈 의자

리딩 클럽이 끝나고 눈싸움을 했다. 눈을 모아서 의자도 만들고 신나게 놀았다.

빙판에서 슬라이딩 연습도 했다. 엄마가 코코아를 만들어 가지고 오셨다. 추운 겨울에 먹는 코코아 맛은 정말 따뜻하다. 보온병에다 눈을 담아서 집으로 가지고 왔다. 지금도 보온병에는 눈이 들어 있다. 녹았을까? 궁금하다.

겨울

즐거운 크리스마스

크리스마스에는 산타 할아버지를 기다려요. 선물을 주시기 때문이에요.
크리스마스에 어떤 선물을 받았는지 일기에 써 보세요.

콩콩 쓰는 오늘 일기

① 날짜와 날씨를 써요.

- 날짜 : 12월 25일
- 날씨 : 칼바람이 불어 루돌프처럼 코가 빨개진 날
- 제목 : 즐거운 크리스마스 선물

② 제목을 써요.

　　크리스마스 이브에 이모 집에 갔다. 걱정이 산더미 같았다. 산타 할아버지가 못 찾아오시면 어떡하나 하고. 그래도 잠은 쿨쿨 잘 잤다. 베개 위에 선물 보따리가 두 개나 있었다. 하나는 꽃무늬가 그려진 보따리였고, 나머지 하나는 하트가 그려진 보따리였다. 그 안에는 19가지의 선물이 들어 있었다. '폭풍~ 먹지 마 지우개', 'Happy Lunch 도시락 통', 'COLOR POP 연필 세트', '핑크색 비옷' 등이 들어 있었다. 모두 다 내 취향이었다.

③ 크리스마스에 어떤 선물을 받았는지 써요.

　　산타 할아버지는 어쩜 이렇게 내 맘을 잘 알아주실까? 내가 착한 일을 많이 하긴 했나 보다. 벌써부터 내년 크리스마스가 기대된다.

④ 크리스마스를 보낸 후 생각과 느낌을 써요.

크리스마스를 즐겁게 보냈나요? 그러면 크리스마스에 대해 궁금한 점은 없나요?

크리스마스 때 겪은 일이나 관련된 생각들을 자유롭게 써 보세요.

크리스마스 바쁘게 보내기

드디어 크리스마스가 왔다. 아침 8시에 일어나 후다닥 크리스마스트리를 확인해 보았다.

인스턴트 카메라가 있었다. 엄마한테 인스턴트 카메라가 먼지 물어봤다. 필름이 나오는

카메라라고 설명해 주셨다. 나는 너무너무 좋았다.

우리 가족은 함께 빕스에 가기로 했다. 빕스에서 스테이크, 망고, 과일, 빵, 밤 등을 맛있게

먹었다.

집에 와서는 케이크도 잘라 먹었다.

너무 피곤해서 밤 9시에 스스로 잠이 들었다. 정말 최고로 즐거운 크리스마스였다.

산타 할아버지가 진짜로 있다면?

산타 할아버지가 빛의 속도로 빠르게 나타났다. 학사님인 게 다 보였지만 모르는 체하고

그냥 넘어갔다. 친구들은 산타 할아버지가 존재하지 않는다고 믿는다. 나도 산타가 진짜로

살아있다면 문제점이 한두 가지가 아니라고 생각한다.

첫째, 12시간 동안 지구를 돌 수는 없다.

둘째, 굴뚝으로 산타는 들어가는데 굴뚝이 없는 집에 사는 친구들도 선물을 받는다.

셋째, 루돌프가 날 순 없다.

넷째, 어린이들이 20억 명 정도 될 텐데 그 많은 아이들의 선물을 줄 수는 없다.

등 아주 많다.

겨울

새해 시작!

한 해가 지나고 새로운 한 해를 맞은 날이에요.
새 기분, 새 각오로 첫 날을 활기차게 보낸 뒤, 일기에도 써 보세요.

콩콩 쓰는 오늘 일기

① 날짜와 날씨를 써요.

- 날짜 : 1월 1일 ・ 날씨 : 바람이 적당히 불어 마음까지 상쾌~
- 제목 : 새해 목표

② 제목을 써요.

  올 한 해 목표는 학교 매일 가기, 공부 열심히 하기, 줄넘기 1급 따기, 태권도 매일 가기, 상 다 받기, 3품 따기, 영어 발전 1단계 가기, 로봇 6단계 가기이다. 난 그 계획을 보석처럼 지킬 거다.

  내가 좋아하는 목표만 지키는 게 아니라 싫어하는 목표도 꼭 지킬 것이다. 왜냐하면 중요하기 때문이다. 그러니까 못 지키면 보물을 잃은 거나 마찬가지이다. 나의 목표는 보물이니까 소중히 지키고 꼭 이루어내고야 말겠다. 사실 목표가 조금 많은 것 같긴 하다. 하지만 목표를 이루기 위해 노력할 것이다.

③ 한 해 목표로 무엇을 정했는지 써요.

  이렇게 올해 목표를 정하고 나니까 바빠진 것 같다. 서두르지 말고 올 한 해 멋진 나로 거듭나기 위해 아자아자 파이팅!!!

④ 새해 각오를 써요.

묵은해에서 새해로 넘어가는 시간을 어떻게 보냈나요?
보신각종 타종 행사를 보기도 하고, 가슴에 남을 만한 일을 겪기도 하지요. 어느 쪽이든 써 보세요.

새해를 맞아 땅~ 땅~ 땅~

어제 12시 넘어서까지 잠을 안 잤다. TV에서 12시에 종을 치는 것을 보았다. "땅~ 땅~ 땅~ 이제 새해가 되었다. 떡국도 먹었으니 이제 나이 한 살도 더 먹은 것이다. 11시에 진아랑 놀려고 했는데, 놀지 못했다. 갑자기 약속이 생겼다고 했다. 학원도 안 가서 너무 심심했다. '다른 날은 학원에 가기 싫더니, 안 가니까 심심한 건 뭐람.' 빈둥빈둥 놀다가 심심해서 책을 보았다. 뒹굴거리면서 책을 보았다. '이럴 때 책이 내 친구가 되는구나'라고 생각했다.

그래도 한 살 더 먹으니까 기분은 좋다.

새해 첫 날에 생긴 슬픈 일

흑흑! 오늘, 새해 첫 날에 큰할아버지가 돌아가셨다.

1년, 아니 한 달이라도 더 버티지 못했는지 나는 모르겠다. 하늘도 참 무심하다. 큰할아버지를 한 번이라도 더 뵙고 싶었는데 안타깝다.

하지만 큰할아버지는 경찰이어서 사람들을 구하는 멋지고 큰일을 해내셨으니 이만 보내드릴 것이다. 나는 장례식장에도 가고 싶었지만 아빠가 할머니 집에서 오빠랑 둘이서 하루만 자라고 했다. 어쩔 수 없이 할머니 집에 있게 되었다.

큰할아버지~ 살아계신 모습은 보지 못하겠지만 할아버지를 꼭 기억할게요.

겨울

영화 본 날
– 영화 일기

방학 동안 영화를 본 적이 있나요?
가족끼리, 친구끼리 영화를 보고 난 후의 감상을 일기에 써 보세요.

콩콩 쓰는 오늘 일기

① 날짜와 날씨를 써요.

- 날짜 : 1월 3일 · 날씨 : 코끝이 시려워~

② 제목을 써요.

- 제목 : '7번방의 선물' 영화 본 날

　　메가박스로 영화를 보러 갔다. 영화 제목은 '7번방의 선물'이다. 갈릭 팝콘을 맛있게 먹으면서 봤다. 이 영화에서 인상적인 부분은 비록 지능이 여섯 살 밖에 안 되는 아빠지만 딸을 위해 자기가 거짓말을 한다. 살인을 하지 않았는데도 누명을 그대로 쓴다. 크리스마스 행사 때 예승이를 며칠만이라도 아빠와 함께 있게 하려고 감옥으로 몰래 데리고 들어온다. 재미있는 부분은 어떤 아저씨가 글을 못 읽어서 예승이가 책 읽어 달라고 할 때 엉뚱하게 읽어주는 장면이었다. 결국은 죄를 짓지도 않았는데 사형을 당한다. 참 억울한 일이다.

③ 어떤 내용인지 줄거리를 써요.

　　너무 슬픈 영화였다. 이 영화를 보면서 많이 웃고 많이 울었다. 아빠가 딸을 사랑하는 마음이 얼마나 큰지 알게 되었다. 앞으로도 이런 감동적인 영화를 자주 보고 싶다.

④ 영화를 본 느낌과 감상을 써요.

또 어떤 영화를 보았나요? 영화를 보면 마음이 즐거워지고 풍요로워지는 것 같아요.
또 교훈도 얻게 되지요. 그 경험을 써 보세요.

'겨울왕국'을 보고

겨울왕국을 보기 위해서 예현 언니, 김현우랑 같이 갔다. 겨울왕국은 엘사와 안나라는 자매가 나온다. 엘사에게는 아무도 모르는 비밀이 있다. 무언가를 만지면 그 물건이 얼어버리는 것이다.

엘사는 여왕이 된다. 그래서 파티를 하는데 안나랑 싸우다가 엘사의 비밀이 다 밝혀지게 된다.

안나는 심장에 얼음이 박히게 된다. 한스가 얼음을 녹여줄 진정한 사랑인 줄 알았는데, 그는 왕이 되고 싶을 뿐이었다.

엘사를 죽이려고 할 때 안나가 막다가 얼어버렸다. 엘사는 슬퍼서 안아주었는데 갑자기 몸이 다 녹았다. 그게 진정한 사랑이었다. 얼음도 녹일 수 있는 '사랑'은 그렇게 따뜻하고 뜨거운 건가 보다.

터보 영화를 보다

터보라는 영화를 보았다. 내용은 달팽이가 차의 엔진 안에 들어갔다가 차보다 훨씬 빠르게 달릴 수 있어서 차 경주에서 1등을 한다는 것이다.

나도 내 꿈을 향해 달리고 노력하면 꿈을 이룰 수 있다는 것을 안다. 나도 그렇게 하려고 노력하고 있지만 쉽지가 않다. 그래서 꿈을 이루려면 많은 연습과 노력, 열정이 필요하다는 것을 깨달았다.

내가 이 세상에 태어난 날
– 만화 일기

겨울

생일이 되면 내가 주인공이에요. 내가 이 세상에 태어난 날이기 때문이지요.

생일날 어떻게 보냈는지 만화로 그려 보세요.

콩콩 쓰는 오늘 일기

1 날짜와 날씨를 써요.

- 날짜 : 1월 20일
- 날씨 : 친구들과 밖에서 놀기에 춥지도 않고 적당함
- 제목 : 즐거운 나의 생일잔치

2 제목을 써요.

3 생일날, 무엇을 하며 어떻게 보냈는지 만화로 그려요.

4 생일을 보낸 소감을 써요.

친구들이 내 생일을 축하해 주었다. 선물도 많이 받아서 즐거운 하루였다.

친구의 생일, 가족의 생일은 어떻게 보내나요? 신 나는 놀이도 하고 즐거운 행사도 열 거예요.
어떤 일이 있었는지 써 보세요.

내 동생 유진이의 생일파티

　　내 동생 유진이의 생일이다. 선물을 16 개나 받았다고 자랑을 했다. 그 모습이 짜증났다. 주인공이 동생인 것은 맞지만 너무 자랑을 하니까 조금은 얄미웠다.

단짝 친구의 생일 파티

　　단짝 친구 재인이의 생일이다. 누구보다도 재인이가 기뻤으면 좋겠다고 생각했다. 좋은 추억거리를 만든 하루였다.

겨울

우리 우리 설날

떡국 한 그릇 먹고 나이도 한 살 더 먹는 설날이에요. 설날엔 아침부터 바빠요.
어떤 일들을 겪었는지 자세하게 써 보세요.

콩콩 쓰는 오늘 일기

① 날짜와 날씨를 써요.

- 날짜 : 1월 31일   · 날씨 : 구름 한 점 없이 맑고 화창함

- 제목 : 나에게 설날이란? 게임의 여왕이 되는 날 

② 제목을 써요.

　설날이어서 아침에 떡국이 차려져 있었다. 할머니께서는 음식을 기가 막히게 잘 하시기 때문에 벌써부터 군침이 돌았다. 후루룩 쩝쩝 맛있게 떡국을 먹었다. 먹자마자 닌텐도 게임을 시작했다. 점심을 먹고 나서야 세배를 드렸다. 그런 다음에 또 곧바로 게임을 시작했다. 중간에 누가 오시면 인사하고 난 뒤 바로 게임했다.

　삼촌이 "야, 게임 좀 그만 해!"라며 동현이 오빠와 나, 동찬이한테 소리쳤다. 그때만 찔끔 하고 계속했다. 매일 하는 게임이 아니다. 시골에 와서 명절날만 하는 것이다.

③ 설날에 무엇을 하며 하루를 보냈는지 써요.

　나에게 설날이란 게임의 여왕이 되는 날이다. 그렇지만 너무 많이 게임을 했나 보다. 다음부터는 많이 뛰어노는 모습도 보여줘야겠다.

④ 그 일을 하고 나서 어떤 생각이 들었는지 써요.

톡톡 튀는 다른 소재와 표현

**설날은 기쁜 날이에요. 친척들도 만나고 세뱃돈도 받으니까요. 또 여러 가지 놀이도 하지요.
그 일을 모두 써 보세요.**

쌤도 신 난 설날

설날에 우리는 할머니 댁에 갔다. 큰고모가 오셨을 때 깜짝 놀랐다. 왜냐하면 큰 개를 가지고 왔기 때문이다. 개 이름은 쌤이다. 영리하게 생겼다. 원래 할머니 댁에도 강아지가 있다. 갑자기 쌤이 돌아다니면서 꼬리를 살랑살랑 흔들고 오줌도 누었다. 그러자 고모가 키우는 강아지 태희와 태자가 왈왈 짖어댔다. 다행히 우리가 세배를 할 때 쌤과 태희, 태자는 조용히 앉아 있었다.

가족들한테 세뱃돈도 받았다. 내 통장에는 어른들께서 주신 용돈이 많이 들어 있다. 그 돈을 차곡차곡 모아서 내가 꼭 필요한 물건이 생기면 살 것이다.

기쁜 설날

나는 기쁘다. 왜냐하면 오늘은 설날이기 때문이다.

설날에는 생선, 전, 밤, 과일 등 많은 것을 먹을 수 있다.

설날이 기쁜 또 하나의 이유는 세뱃돈이다. 그것을 모두 다 모으면 완전히 기분 짱이다.

나는 설날이 되면 널뛰기, 윷놀이 같은 것들이 생각난다. 직접 해 보고 싶다. 윷놀이는 친척들과 해 보았다.

나머지도 언젠가는 꼭 해 볼 것이다.

새해에도 즐겁게 놀고 신나게 공부했으면 좋겠다.

겨울

책 속 세상 만나기
– 독서 일기

책을 읽으면 멋진 주인공을 만날 수 있어요. 홍길동, 피터 팬, 박씨 부인 등 재주 많은 인물들이 나를 반겨 주지요. 한번 읽고 독서 일기를 써 보세요.

콩콩 쓰는 오늘 일기

① 날짜와 날씨를 써요.

② 제목을 써요.

- 날짜 : 2월 9일
- 날씨 : 칼바람이 쌔앵~ 
- 제목 : '홍길동전'을 읽고

<홍길동전>을 읽었다. 홍길동이라는 인물이 궁금했다. 지혜가 많아서 꾀도 잘 부리는 홍길동은 도술도 부릴 줄 알았다. 하늘도 날고 비바람을 일으키며 변신도 잘 하였다. 하지만 홍길동은 신분이 낮고 서자여서 아버지를 아버지라 부르지 못했다. 또한 형을 형이라 부르지 못했다. 호부호형을 하지 못했다니 홍길동이 너무 안 되었다.

③ 어떤 내용인지 줄거리를 써요.

홍길동은 정말 마음이 아프고 서러웠을 것이다. 방에 들어와서 참았던 눈물을 주르르륵 흘릴 때는 내가 다 슬펐다. 홍길동은 얼마나 슬펐을까? 그래도 홍길동이 여덟 개의 허수아비로 조화를 부려 임금님과 신하를 속이는 장면은 통쾌했다.

④ 주인공에 대해 알게 된 점, 느낀 점을 써요.

조선시대의 의적 '홍길동'에 대해 많이 알게 되었다. '서자'라는 것도 알고, '율도국'의 왕이 되었다는 것도 알았다. 그리고 나중에 신선이 되었다는 것을 알았다. 홍길동은 영웅 같다.

책을 읽고 난 후 인상적인 장면을 써 보세요. 읽는 동안 마음을 '짠' 하게 하는 장면이 인상적인 부분이에요.

제목처럼 재미있는 '쥐똥 선물'

이 책의 제목이 '쥐똥 선물'이라 재미있을 것 같아 선택했다. 느낌대로 역시나 재미있었다. 한 장 한 장 읽다 보니 금세 다 읽게 되었다. 그만큼 책이 흥미로웠다. 이 책에는 재미있는 부분이 많이 있었다. 그 중에서도 가장 인상적인 부분은 이것이다.

승호가 우진이 생일인 줄 알고 휴대용 게임기를 뽑으러 뽑기 기계로 갔다. 기계로 다가가서 오른쪽 손잡이를 계속 돌렸다. 0과 9만 나오는 장면이 재미있기도 하고 안타깝기까지 했다. 다음에도 이런 재미있는 책을 골라 읽어야겠다.

새 남매가 된 나답게와 나고은

답게에게

안녕? 나 정원이야.

요즘 날씨가 정말 춥지? 옷 단단히 입고 다녀. 저번에 너, 동생이랑 많이 싸웠지? 그때 나도 깜짝 놀랐어. 너, 새가족이랑 화목하게 지내봐. 나도 네 마음 알 것 같아. 아빠가 미나편만 들어서 속상하지? 아빠가 동생이 귀여워서 그러는 거야. 그리고 아빠는 너도 사랑하고 있어.

답게야, 너는 아빠의 아들이잖아. 새 엄마도 너를 챙겨주고 예뻐하잖아. 마음 풀어~. 동생이 널 괴롭히면 엄마, 아빠, 할머니한테 일러! 그러기 싫으면 동생에게 너의 마음을 전해. 앞으로 새 가족이랑 사이좋게 지내.

그럼 안녕!

자유 주제 베스트 10

1
- 날짜 : 11월 10일
- 날씨 : 쌀쌀한 친구처럼 날씨도 쌀쌀해~
- 제목 : 대통령이 사는 청와대 간 날

엄마가 3월에 청와대 견학 신청을 했는데 오늘에서야 견학을 가게 되었다. 누구와 갔냐면 엄마, 아버지, 할머니랑 갔다.

견학 시작은 경복궁 주차장에서 청와대 셔틀 버스를 탔을 때다. 가서 첫 번째로 한 일은 홍보관에서 영상도 보고 주의사항도 들었다.

두 번째로는 대통령이 산책하는 녹지원을 갔다. 야외 행사하는 정원, 160년 된 한국 산 반송나무도 인상 깊었다. 옆 본관 터에도 갔다. 너무 아름다웠다. 청와대 내부에 있는 영빈관에도 갔다. 금 페인트가 엄청 많았다.

체험이 생각보다 재미있고 본관이 매우 아름답다는 생각이 들었다.

2
- 날짜 : 11월 23일
- 날씨 : 겨울이 다가왔나 보다 제법 쌀쌀한 날
- 제목 : 엄마의 설거지를 돕다

엄마를 도와드리려고 설거지를 하였다. 내가 스스로 엄마를 도와드리는 것이 뿌듯했다.

평소에 설거지하는 것을 좋아하는 나지만 꽤 힘들었다. 이렇게 힘든 것을 엄마는 매일 해주시니 고맙기도 하였다. 나는 뽀드득 쓱싹쓱싹 열심히 닦았다. 접시들은 금방 반짝반짝 윤이 났다. 엄마는 나를 칭찬해 주셨다. 그러니 기분이 날아갈 것 같이 좋았다.

엄마! 힘내세요!!!

3
- 날짜 : 12월 7일
- 날씨 : 미세먼지가 한국으로 쌩~
- 제목 : 스무고개

가족과 스무고개를 했다. 엄마와 할 때는 20문제가 넘어서 내가 이겼다. 답은 '하이에나'이다. 스무고개를 할 때 주의할 점이 있다.

첫째, 대답할 사람은 '예' 또는 '아니오'로만 대답한다.

둘째, 대답할 사람은 질문하는 사람의 말을 끝까지 기억하고 듣는다.

셋째, 질문하는 사람은 앞에서 질문한 내용과 대답한 내용을 귀담아 듣고 다음 질문을 한다.

넷째, 질문하는 사람과 대답할 사람은 말할 때 예의를 지킨다.

가족과 함께 스무고개를 하니까 알콩달콩한 느낌이 들었다. 기분이 좋았다.

4

- 날짜 : 12월 9일   · 날씨 : 먼지가 폴폴 날림
- 제목 : 침팬지와 함께 하는 상상 사막 여행

　내가 만약 사막을 여행하려고 할 때 어떤 동물을 데리고 갈까 상상해 보았다. 침팬지를 데리고 가고 싶다.

　침팬지는 사람과 가장 비슷한 동물이기 때문이다. 사람만 도구를 쓴다고 생각했는데, 침팬지도 도구를 사용할 줄 안다. 개미를 먹으려고 나뭇가지를 개미굴에 갖다 댄다. 개미들이 거기에 붙으면 훑어먹는다. 그렇게 똑똑한 침팬지를 데리고 가면서 사막을 여행하면 심심하지 않을 것이다.

　침팬지! 내가 널 데리고 사막 여행을 시켜주마!

5

- 날짜 : 12월 11일   · 날씨 : 무지무지 추움
- 제목 : 나와 엄마의 느타리 버섯

　우리 집에서는 느타리 버섯을 키운다. 이름은 조세버다. 왜냐하면 '좋은 세균은 버섯'의 줄임말이다. 엄마도 느타리 버섯을 키우신다. 이름은 버순이다. 사실 버섯을 두 번째로 키우는 거다. 지난번이랑 달라진 게 있다면 상자가 달라졌다. 지난번 버섯은 사실 어른 한 주먹으로 짜파게티도 만들고 된장찌개도 만들었다.

　버섯이 좋아하는 것에는 물, 그늘진 것, 빛이다. 싫어하는 것에는 직사광선, 강한 햇빛, 건조한 것이다. 버섯 키우기는 즐겁고 신기하고 재미있는 일이다.

6
· 날짜 : 12월 14일　· 날씨 : 차갑기만 한 바람, 너 때문에 에취~
· 제목 : 휴, 주사 맞는 게 아니었어

　미세 먼지 때문인지 감기가 걸린 듯 에취, 에취, 에취만 연거푸 났다. 코가 간지러워서 그럴 거야 하고 그냥 넘어갔다. 그런데 점점 심해졌다. 머리도 아프고 눈에서는 눈물도 나고 기침도 하고 목도 따끔거렸다. 엄마는 좀 누워 있다가 병원에 가자고 했다. 누워서 1초만 있다가 병원에 갔다. 의사선생님은 내가 감기에 걸렸다고 말씀해 주셨다.

　주사를 맞을까 봐 가슴 졸이고 있었는데 다행히 주사까지는 안 놔 주셨다. 휴, 다행이다. 감기가 심하면 안 된다. 친절한 선생님도 못 만나고 친구들도 못 만나기 때문이다. 이런 일이 없도록 감기 조심해야겠다.

7
· 날짜 : 12월 16일　· 날씨 : 겨울인데도 푸근한 날
· 제목 : 국립고궁박물관

　국립고궁박물관에 갔다. 먼저 기획 전시실에 가서 덕혜 옹주를 봤다. 덕혜 옹주는 참 불쌍하다. 왜냐하면 강제로 일본에 끌려갔기 때문이다. 이번에는 어차를 보러 갔다. 왕이 쓰던 것과 왕비가 쓰던 것이 달랐다. 난 자동차를 좋아해서 어차가 가장 눈에 들어왔다. 신기해서 보고 또 보았다.

　두 번째로 눈에 들어온 것은 물시계였다. 이것 역시 신기했다. 그 물시계는 우리가 15분을 기다렸는데 징을 한 번 쳐서 웃겼다. 신기한 것들이 많아서 빠짐없이 다 보게 되었다. 고궁박물관은 왕이 쓰던 물건만 있어서 정말 신기했다.

8

- 날짜 : 12월 22일
- 날씨 : 바람이 차가워 손을 호호~
- 제목 : 장난감 헬레콥터

할머니가 주신 크리스마스 선물이 퍽 마음에 든다. 내가 갖고 싶은 장난감이었다. 진짜 높이 날 수 있는 헬리콥터! 비록 장난감이긴 하지만 땅에서도 다니고 하늘도 난다. 천천히 돌고 불이 깜빡거리는 기능까지 있다. 또 카메라를 달면 신기하게 핼리캠이 된다.

또 뒤쪽 프로펠러도 있고 빠르게 갈 수도 있고 마음대로 가기도 한다. 많은 기능이 있으니까 리모콘이 복잡하다. 연습하니까 조금 나아지긴 했다. 할머니께서 나에게 이런 멋진 장난감을 사주시다니 정말 감동적이다.

9

- 날짜 : 12월 31일
- 날씨 : 찬바람이 쌩쌩~
- 제목 : 제야의 종소리를 듣다

지금은 밤 12시이다. 내가 지금까지 안 자고 있는 이유는 '제야의 종소리'를 듣기 위해서이다. 10시부터 눈이 감기기 시작해서 TV도 보고 과메기도 먹었다. 진빵, 생굴까지 계속 먹었다. 그렇게까지 많이 먹고서야 졸음을 물리쳤다.

드디어 제야의 종소리가 울렸다. 댕~댕~댕~댕~. 서른 세 번의 종소리가 고요함을 타고 울려 퍼졌다. 마치 이번 한 해의 나쁜 기억들은 다 날려 보내듯이.

아쉽게도 나는 종소리가 들릴 때마다 소원을 빌지는 못하였다. 하지만 소원이 올 한 해에는 꼭 이루어졌으면 좋겠다. 내년에는 좋은 일만 일어나라 얍!

10

- 날짜 : 2월 9일   · 날씨 : 얼음이 꽁꽁
- 제목 : 얼음으로 덮인 세상

　어제 왔던 눈이 얼음으로 꽁꽁 얼어 버렸다. 길이 스케이트장처럼 꽁꽁 얼음으로 뒤덮여 있었다. 아파트만 없다면 서울인지 북극인지 구별이 안 될 것 같다. 얼음을 보니까 내가 스케이트 타다가 250번이나 넘어진 기억이 난다. 예전 생각을 하니까 갑자기 몸이 욱신거린다.

　얼음을 보관해서 여름에 빙수로 만들어 팔면 돈을 많이 벌 수 있을 것 같다. 얼음은 참 신기하다. 차갑고 미끌거리고 딱딱하다. 커다란 빙산을 떼어다 아프리카에다 선물하면 대통령으로 뽑아줄지도 모르겠다.

새학년
수학실력
쑥쑥 키우는
수학일기

새 학년이 되면 공부를 열심히 하겠다는 다짐을 해요. 그 중 수학 공부가 제일 골치예요.

그럼 수학 일기를 써 보세요. 친구들이 쓴 3학년 수학 일기를 함께 보면 많은 아이디어를

얻을 수 있어요. 교과서에 나온 내용, 생활 속에서 궁금한 점, 수학자 이야기, 수학에 대한

생각이나 느낌을 솔직하게 쓰면 돼요.

수학 일기로 수학에 흥미를 붙여 보세요~!

3학년 수학일기 ①

- 날짜: 3월 5일 · 날씨: 동그라미 해님이 웃은 날
- 제목: 우람이와 삐루삐루

   1단원의 스토리텔링을 들었다. 어느날 우람이는 학교에서 세 자릿수 덧셈 뺄셈을 배웠다. 365+365는 얼마일까요? 이 문제를 못 맞혀서 집에 가장 늦게 가게 되었다. 집에 가는데 축구공 하나가 눈에 띄어서 뻥 찼다. 그런데 남의 집 창문을 깨트린 것이다. 우람이는 주변을 두리번거렸지만 아무도 없었다. 더 신기한 것은 그 집은 어제까지는 없었던 집이었다.

   우람이는 그게 궁금해서 그 집 초인종을 눌렀다. 그러자 그 집이 없어지고 우주선이 보였다. 그 우주선의 문이 열리고 외계인이 나왔다. 자기이름은 초록별에서 온 삐루삐루고 우주선이 고장나서 지구에 숨어있다고 말했다. 그리고 우람이를 자기 우주선에 태웠다. 과연 우람이와 삐루삐루는 우주에 있는 초록별에서 무엇을 할까?

   초록별에서 온 삐루삐루 이야기가 흥미로웠다. 초록별에 가서 무엇을 할지 정말 궁금하다. 이야기를 듣고 세 자리 숫자를 더하니까 수학 문제로 생각되지 않고 재미있었다.

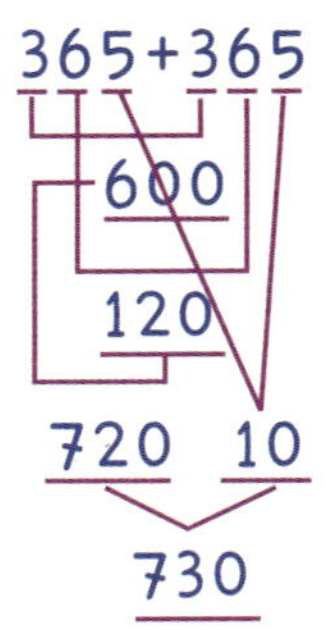

3학년 수학일기 ②

- 날짜 : 3월 8일   · 날씨 : 호랑이처럼 무시무시하게 추운 날
- 제목 : 이 문제 풀면 안 잡아먹지

옛날에 한 할머니가 장사를 마치고 오는 길에 호랑이가 산다는 산을 넘게 되었다. 그런데 갑자기 호랑이가 어흥거리면서 할머니한테 달려들었다. 그러자 할머니는 깜짝 놀라서 잠깐만이라고 소리쳤다. 그러고는 이렇게 말했다. "내가 문제를 낼게. 그리고 네가 이 문제를 맞히면 날 잡아먹어라. 하지만 네가 그 문제를 못 맞히면 날 놔줘라."라고 했다.

"어흥, 문제가 뭐야?"라고 호랑이가 말했다. 그러자 할머니가 말했다. "난 1년에 무지개떡을 275개 만들고 인절미떡을 589개 만든다. 내가 1년에 만드는 떡은 몇 개일까?" 할머니가 말했다. 그러자 호랑이는 "어흥, 몰라!"라고 얘기하고 할머니를 가게 해 주었다.

만약에 계산을 잘하는 호랑이라면 이야기가 달랐을 것이다. 계산을 못 하는 호랑이는 약이 올랐겠다. 호랑이한테까지 수학을 잘 하라고 하면 안 된다고 생각한다.

호랑이야! 너는 동물들의 왕으로 어슬렁거리며 사는 게 보기좋아!

3학년 수학일기 ③

- 날짜 : 3월 9일 · 날씨 : 훌쩍 봄이 당겨지나 보다
- 제목 : 석주명 위인전

'석주명'이라는 사람의 위인전을 읽었다. 석주명은 우리나라 최초의 나비학자이다. 1908년 11월 13일 평양에서 태어났다. 처음에는 그렇게 나비를 좋아하지 않았다. 고등학교 때부터 오카지마 교수의 교육이 재미있어서 그때부터 나비에 대해 관심이 생긴 것이다. 그리고 나중엔 나비에 대해서 잘 아니까 대한민국 최초의 나비학자가 된 것이다.

여기서 문제!

석주명이 찾은 나비 마리 수가 248종이라면 석주명이 찾은 나비의 앞날개 수는 몇 개일까요?

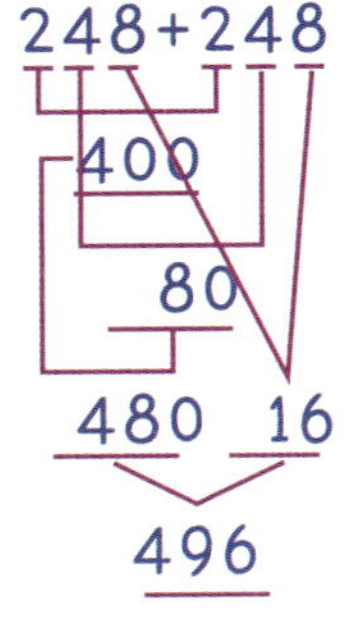

496개

나도 석주명 박사처럼 한 가지 일에만 집중하여 성공하는 사람이 되고 싶다. 수학과 나비박사 석주명을 연관지을 수 있어서 기쁜 마음이 들었다.

3학년 수학일기 ④

· 날짜 : 3월 12일   · 날씨 : 봄이 시샘하는지 아직 추워~

· 제목 : 신기한 동물원

승호라는 아이가 동물원에 갔다. 그리고 거기에는 여러 종류의 동물이 많았다. 그 중에 승호는 먼저 기린을 보았다. 기린이 136마리였다. 그리고 두 번째로는 거북이를 보았다. 거북이는 총 279마리였다. 그러자 아이는 거북이가 몇 마리 더 많은지 계산해 보았다.

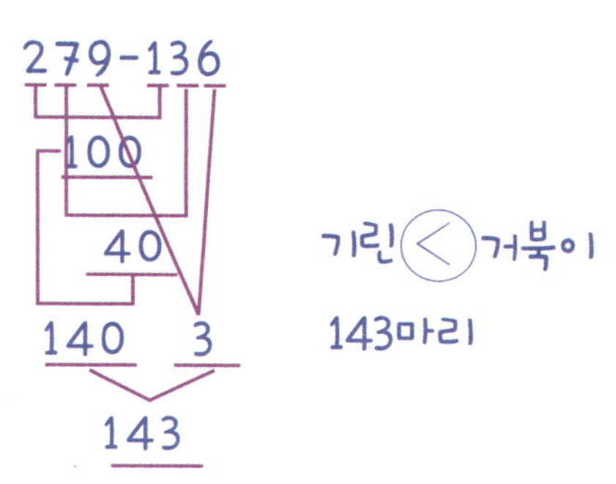

이번에는 토끼를 보러 갔다. 토끼가 엄청 많았다. 936마리나 되었다. 그 다음에는 학을 보러 갔다. 628마리나 되었다. 게다가 이번에는 또 토끼가 학보다 몇 마리나 더 되는지 알고 싶어서 계산해 보았다.

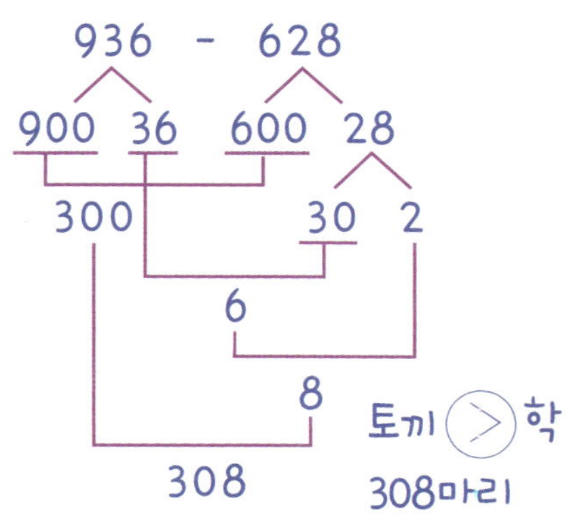

동물원에 너무 많은 동물을 등장시켜서 머리가 어질어질했다. 세 자리 뺄셈이라 어쩔 수 없었다.

3학년 수학일기 ⑤

- 날짜 : 3월 13일   · 날씨 : 봄비가 촉촉히 내린 날

- 제목 : 돌고 도는 돈

　'돌고 도는 돈'이라는 책을 읽었다. 이 책은 돈(동전, 지폐)에 대한 책이다. 주인공은 보람이다. 그리고 돈은 아무 물건과 바꿀 수 있다고 한다. 돈은 어디에서 생길까? 바로 한국은행이다. 게다가 한국은행은 '일반은행의 은행'이라고 한다. 한국은행은 참 중요한 은행 같다. 은행은 돈을 맡기고, 돈을 빌리는 곳이다. 왠지 돈이 없으면 참 힘들 것 같다. 그리고 초콜릿이 500원이라면 왜 초콜릿이랑 500원이랑 바꿀까?

　왜냐하면 약속이기 때문이다. 그러니까 1000원짜리 물건은 1000원이랑 바꾸고 100원짜리 물건은 100원이랑 바꾸는 그런 약속 말이다. 그럼 보람이의 통장에는 479만 원이 있고 보람이의 엄마는 1186만 원이 있다면 보람이 엄마는 보람이보다 몇 만 원이 더 많을까?

$$
\begin{array}{r}
1186 \\
-\quad 479 \\
\hline
707
\end{array}
$$

보람이 엄마 ＞ 보람이
707만원

이 책을 읽고 한국은행의 역할에 대해 배웠다. 그리고 돈과 물건을 바꿀 수 있는 것은 약속 때문이라는 것도 알게 되어 기뻤다.

3학년 수학일기 ⑥

- 날짜 : 4월 1일   · 날씨 : 여러 가지 모양의 구름이 두둥실~

- 제목 : 직각이 많아

　직각에 대해서 배웠다. 직각은 도형에 있는 90도 각이다. 직각이 있는 물건을 찾아보았다. 먼저 창문은 사각형이고 직각이 4개이다. 직각삼각자는 삼각형이고 직각이 하나이다. 그러니까 삼각형, 사각형은 직각이 있을 수 있는 도형이다.

　학교에서 찾을 수 있는 직각은 무엇이 있을까? 먼저 칠판에는 4개의 직각이 있다. 그리고 사물함도 직각이 4개다. 게다가 학급문고의 책꽂이도 직각이 있다. 또 벽에 걸려져 있는 태극기도 직각이 있다. 왜 우리 주변에는 다른 각보다 직각이 더 많을까? 왜냐하면 도시는 계획된 도시이기 때문이다. 반면 나뭇가지나 풀에는 직각이 없다. 자연은 계획되지 않고 있는 그대로이다.

　우리 주변에 직각이 많다는 것을 알았다. 나뭇가지나 풀은 자연이라 부드럽고, 그 외의 직각은 사람이 만든 계획된 것이라는 것을 깨달았다.

메모